ココミル

cocomiru

鎌倉

すてきな思い出
作りましょ♪

アジサイに包まれる明月院参道（P23）

海辺に築かれた古都・鎌倉には
癒やしのスポットがいっぱい

左：本覚寺のにぎり福（P61）／右：鎌倉八座（P41）の鳩しるべ
下左から：鶴岡八幡宮（P32）／報国寺の竹の庭（P51）／光明寺の精進料理（P63）／明月院本堂（P23）

ソメイヨシノが彩る高徳院 鎌倉大仏 (P70)

七里ヶ浜付近を走る江ノ電 (P84)

佐助稲荷神社ではペットの祈願も (P45)

寺社を彩るウメと寒ボタン (P66)

日本最古の築港遺跡、和賀江嶋 (P63)

海と山に囲まれた古都・鎌倉。
寺を彩る花々も豊かで、
季節ごとに違う風景を見せてくれます。

江島神社辺津宮で縁結び (P97)

茶寮風花のアイス抹茶オーレ (P24)

左から銭洗弁財天 宇賀福神社の本社 (P45)と、奥宮で金運祈願 (P45)／江の島シーキャンドル (展望灯台) (P98)

江ノ電を眺めるカフェ、ヨリドコロ (P91)

上・下：イワタ
コーヒー店の
名物ホットケ
ーキはレトロな
店内で (P37)

茶寮 花鈴の
クリームあんみつ
(P25)

湘南ならではのおしゃれな店があるのも鎌倉の魅力。
路地に潜む小さなお店で憩いのひとときを

下左から：豊島屋菓寮 八十小路 (P37) ／ Régalez-Vous (P42) ／
鉢の木 新館 (P26) ／しらす問屋 とびっちょ 江の島本店 (P100)

The Market
SE1のジェラート
(P103)

iL CHIANTI CAFE江の島 (P98)

しらすピッツァが
一番人気 (P98)

上質で機能性豊かな鎌倉ブランドも
要チェックです

駄菓子や 長谷
店の鎌倉大仏あ
め (P109)

鎌倉八座の手ぬぐい
とフィギュア
(P41・110)

左：博古堂の手ぐり小筥 (P40)　下：鶴岡八
幡宮・三ノ鳥居脇に店を構える博古堂の店内

鎌倉みやげといえば
豊島屋の鳩サブレー
(P108)

白帆鎌倉の帆布
トートバッグ (P41)

右・下：メーカーズシャツ鎌倉で
上質な日本製シャツを (P41)

鎌倉ってどんなところ？

由緒ある武家の古都、歴史の舞台になった町です

相模湾に面した鎌倉は、南に海、三方を山に囲まれた天然の要塞。源頼朝はこの地の利を活用し、史上初めての武家政権を樹立したといわれている。武士たちが深く帰依したのが禅宗であり、北鎌倉（→P16）を中心にいくつもの禅宗寺院が建立され、現在も多くの史跡が残されている。

北鎌倉を代表する建長寺は日本最初の本格的な禅寺

江ノ電沿線にも色鮮やかなアジサイが咲き誇る

おすすめシーズンはいつ？

寺社を彩る桜やアジサイの花々、紅葉に包まれる頃もおすすめ

鎌倉に点在する寺社では歴史ある建造物だけでなく、四季を彩る花々も見事。早春に咲く円覚寺（→P18）の梅を皮切りに、春は鶴岡八幡宮（→P32）の桜、初夏は明月院（→P23）のアジサイ、秋は建長寺（→P20）の紅葉が彩り、季節ごとに美しい景色が楽しめる。

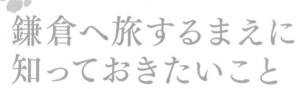

鎌倉へ旅するまえに知っておきたいこと

都心部から近く、気軽に行けるのが鎌倉の魅力。
見たいところや、やりたいことを事前にチェックしておけばもっともっと、鎌倉散策が楽しくなるんです。

初めての鎌倉で、外せないのは？

鶴岡八幡宮、鎌倉大仏、北鎌倉の寺社へはぜひ

鎌倉で人気の観光エリアといえば鶴岡八幡宮のある鎌倉駅周辺（→P30）、建長寺や円覚寺など古刹が点在する北鎌倉（→P16）、鎌倉大仏のある長谷（→P68）など。いずれも駅から徒歩圏内にみどころが多いので、のんびり徒歩で回るのがおすすめ。路地裏にはカフェやみやげ店もあり、歩いて回るからこそその思わぬ発見があるかも。

青空の下でおだやかな表情を浮かべる長谷の鎌倉大仏（→P70）

明月院の紅葉など季節ごとの感動を体感できる

観光にどのくらいかかる？

主要な観光スポットをめぐるなら2日で存分に楽しめます

北鎌倉、鎌倉、長谷など主要な観光エリアでは、駅から徒歩圏内に史跡や観光施設が点在しているので、のんびり散策しても1～2日で主要なポイントを回ることができる。効率よく回るなら、江ノ電などの電車を組み合わせて回ろう。古都でゆったりとした時間の流れを楽しんで。

鎌倉＋もう1日観光するなら？

江の島周辺や逗子・葉山へひと足のばしましょう

鎌倉の西側に浮かぶ江の島（→P94）には由緒ある江島神社をはじめ、江の島サムエル・コッキング苑や新江ノ島水族館などのレジャースポットも満載。一方、鎌倉の東南に位置する逗子・葉山（→P104）は、保養地としても知られるリゾートエリア。湘南らしい景色が広がっている。

相模湾を眺めながら潮の香りや風を感じてみたい

9:00　北鎌倉駅

出発ー！

北鎌倉駅（→P16）から鎌倉の歩き旅に出発。円覚寺総門前の趣のある駅。

円覚寺（→P18）の三門は夏目漱石の小説『門』にも登場する寺のシンボル。

ほっこりしますね

茶寮風花（→P24）のかわいいうさぎまんじゅうでホッと一息、休憩しましょう。

11:00　花の寺へ

明月院（→P23）は鎌倉有数の花の寺として知られ、アジサイの開花期は見事。

鉢の木 新館（→P 26）の四季の食材を使った会席料理で心も体も元気になるランチ。

背筋ぴーん

建長寺（→P20）は三門、仏殿、方丈庭園、半僧坊などみどころも豊富。

14:00　鎌倉の中心

鶴岡八幡宮（→P32）は鎌倉の街を見守る古社で、一年中多くの参拝客で賑わう。

博古堂（→P40）は鶴岡八幡宮の三ノ鳥居そばに立つ鎌倉彫の老舗。

のんびり♪

段葛（→P33）は鶴岡八幡宮の参道。若宮大路の中央、車道より一段高くなっている。

16:00　みやげ選び

おいしいみやげは豊島屋 瀬戸小路（→P35）で。瀬戸小路店限定商品は要チェック。

イワタコーヒー店（→P37）の名物メニューは厚さ3cm超のホットケーキ。

18:00　コトコトゆれて

鎌倉駅から出発するローカル線・江ノ電（→P84）に乗って由比ガ浜方面へ。

1泊2日、とっておきの鎌倉の旅

鎌倉をダイジェストで観光するなら1日でも楽しめるけれど、
北鎌倉〜江の島までめぐるなら1泊2日の旅もオススメ。
みどころ、グルメ、お買い物…、鎌倉の魅力が揃いぶみ！

おやすみ… **2日目** おはよう!

19:00 お宿　　　　　**9:00 最強美男子**

かいひん荘鎌倉 (→P113) で宿泊。宿泊施設の少ない鎌倉では貴重なお宿。

高徳院 (鎌倉大仏) (→P70) 鎌倉を代表する観光スポットのひとつがココ。

長谷寺の前にKANNON COFFEE kamakura (→P76) でちょっと休憩。

長谷寺 (→P72) で日本最大級の木造観音像を拝観し、見晴台から眺望を堪能。

看板かわいっ

13:00 江ノ電

古民家をリノベーションしたレストランBeau Temps (→P80) でランチを。

成就院 (→P75) 災厄を断つ本尊不動明王が近年、縁結びにご利益ありと人気。

極楽寺坂切通を越えると極楽寺駅へ。レトロな風景に癒やされる。

江ノ電の車窓風景 (→P84) 稲村ヶ崎駅を過ぎると車窓からまばゆい海を望む。

14:00 日蓮ゆかり　　　　　**15:00**　到着ー!

海辺のカフェレストランDouble Doors 七里ヶ浜店 (→P89) でおやつ時間。

龍口寺 (→P103) は日蓮の弟子・日法が開き、境内には五重塔などが立つ。

扇屋 (→P109) の江ノ電もなかは、みやげ処の定番。売り切れ必至の人気商品を箱で!

江ノ島駅 江の島 (→P94) への玄関口となる駅。湘南モノレールの駅も近くにある。

せっかく遠くへ来たんですもの

3日目 はひと足のばしてみませんか?

江の島へ行きたい人は

古くから信仰を集める江島神社が中心で、参道には多くの食事処やみやげ物店がひしめく。島内は歩いてめぐろう。(→P94)

逗子・葉山へ行きたい人は

車を利用するなら陽光たっぷりのシーサイドドライブがおすすめ。グルメスポットやみどころも豊富で、潮風も気持ちいい。(→P104)

ココミル
cocomiru

鎌倉

Contents

●表紙写真
豊島屋の鳩サブレー（P108）、豊島屋の小鳩豆消（P111）、紅葉を眺める明月院の本堂（P23）、豊島屋菓寮 八十小路のあん蜜（P37）、長谷寺のアジサイ（P72）、しらす問屋とびっちょのしらす丼（P100）、高徳院の鎌倉大仏（P70・写真提供：鎌倉市観光協会）、新江ノ島水族館の魚たちとトリーターのダイビングショー「うおゴコロ」（P102）、江の島シーキャンドル（P98）、佐助稲荷神社の朱塗りの奉納鳥居（P45）

〈マーク〉
- 観光みどころ・寺社
- プレイスポット
- レストラン・食事処
- 居酒屋・BAR
- カフェ・喫茶
- みやげ店・ショップ
- 宿泊施設
- 立ち寄り湯

〈DATAマーク〉
- ☎ 電話番号
- 住 住所
- ¥ 料金
- 時 開館・営業時間
- 休 休み
- 交 交通
- P 駐車場
- 室 室数
- MAP 地図位置

鎌倉って
こんなところ

鎌倉を散策するなら効率的に回りたいもの。
まずは鎌倉の全体像を把握しましょう。

観光のみどころは
6つのエリア

鎌倉はそれほど広域ではないので、いくつか
のブロックに分けて訪れれば徒歩で回ること
が可能。日帰りなら1つのブロックとショッピング
を組み合わせたり、2つのブロックをめ
ぐるのもいい。1泊なら3つのブロックまでゆっ
くり観光できる。あまり欲張らず、時間に余
裕をもってプランを立てよう。

観光の前に情報集め

鎌倉市観光総合案内所はJR鎌倉駅東口みどりの窓口
内にあり、観光や季節情報の案内をはじめ、宿泊の紹
介などを行っている。また小田急片瀬江ノ島駅を出たと
ころ、境川の橋のたもとに、藤沢市の観光案内所や観
光センターがある。

問合せ 鎌倉市観光総合案内所 ☎0467-22-3350
問合せ 鎌倉市観光協会 ☎0467-23-3050
問合せ 鎌倉市観光課 ☎0467-61-3884
問合せ 藤沢市観光センター ☎0466-22-4141
問合せ 片瀬江ノ島観光案内所 ☎0466-24-4141

手ぶらで観光、みやげは鎌倉駅で

鎌倉観光の起点となるJR・
江ノ電鎌倉駅はみやげを買
うのにも便利。東口には、鎌
倉の老舗和菓子店やカフ
ェ、食事処など13店舗ほど
が集まる「CIAL鎌倉」が直
結。西口構内にある名店街
ことのいち鎌倉(→P87)
は江ノ電グッズが揃う。こち
らは改札内にあり乗車券か
入場券が必要なので、電車
の待ち時間や江ノ電〜JR
乗り換え時にぜひ。

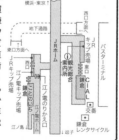

⑤
由比ガ浜・長谷
（ゆいがはま・はせ）
···P68

高徳院の鎌倉大仏や、長谷寺の長谷観音など
鎌倉屈指のみどころが集中する。

⑥ 江の島

⑥
江の島
（えのしま）
···P94

江島神社の参道沿いには
レトロなみやげ店が連なる
一方、江の島サムエル・コッ
キング苑など観光名所も。

① きたかまくら
北鎌倉

・・・P16

鎌倉の北の玄関口。鎌倉五山第一位の
建長寺と第二位の円覚寺など臨済宗の
古刹が点在する。

↑横浜駅へ

N
0 ——— 1km

大船

富士見町

湘南町屋

① 北鎌倉
北鎌倉
円覚寺
散在ガ池
森林公園
東慶寺
浄智寺 明月院
鎌倉中央公園
湘南深沢
海蔵寺 円応寺 建長寺 覚園寺
源氏山 浄光明寺 来迎寺
銭洗弁財天 鶴岡八幡宮 瑞泉寺
宇賀福神社 英勝寺 荏柄天神社 鎌倉宮
鎌倉山 宝戒寺 杉本寺 浄妙寺
鎌倉駅周辺② 鎌倉 金沢街道
高徳院 報国寺
(鎌倉大仏) 鎌倉文学館 金沢街道③
光則寺 和田塚 大町・材木座④
長谷寺 長谷 由比ヶ浜
稲村ヶ崎 極楽寺 御霊神社 由比ガ浜・長谷⑤
江ノ島 成就院 由比ヶ浜 JR横須賀線
材木座海岸 光明寺
東逗子駅へ
相模湾 和賀江嶋 134 逗子

② かまくらえきしゅうへん
鎌倉駅周辺

・・・P30

鶴岡八幡宮を中心として風情ある
寺社が点在。小町通りと若宮大路
周辺には飲食店やショップが密集。

③ かなざわかいどう
金沢街道

・・・P48

静けさに包まれ、鎌倉最古の寺・杉本寺や、
竹の庭で有名な報国寺などがある。

④ おおまち・ざいもくざ
大町・材木座

・・・P58

大町には日蓮ゆかりの寺や
花の名刹が点在。材木座海
岸沖には現存する日本最古
の築港跡・和賀江嶋が。

御霊神社前を走る江ノ電

ホームの目の前に海が広がる

報国寺の竹林

江島神社の色鮮やかな装飾

悟りを開いた鎌倉大仏さまの印相

アジサイの季節の明月院参道

杉本寺の苔むした境内

江島神社の縁結び

建長寺半僧坊の天狗像

古都鎌倉ではゆっくり歩いて寺社を訪ねるのがおすすめです

相模湾に面し、三方を山に囲まれた鎌倉。
自然の要塞に目をつけ、幕府を開いた源頼朝。
以来、鎌倉は武家文化、禅宗文化が花開き、
その姿を今にとどめています。

円覚寺は秋の紅葉も美しい

由比ガ浜大通りの六地蔵

これしよう！
老舗の味を
お持ち帰り

北鎌倉駅前にある「光泉」
（→P28）の名物いなり
をみやげにしよう。

これしよう！
浄智寺の布袋尊の
石像はニヤリ顔！

鎌倉江の島七福神の布袋
像はユニークな表情が印
象的。（浄智寺→P22）

これしよう！
建長寺（→P20）の
三門に圧倒される！

高さ約20mの三門は下
層に門扉も壁もないのが
特徴。

寺社が点在する鎌倉さんぽの王道エリアへ

北鎌倉
きたかまくら

つぶらな瞳がかわ
いい茶寮風花の
うさぎまんじゅう

こんなところ

鎌倉の北の玄関口。鎌倉五山第一位の建長
寺、第二位の円覚寺をはじめ、由緒ある名
刹が点在するエリア。それぞれの境内には
仏教建築のみならず、四季折々に彩る花々
など情緒あふれる光景が広がる。地元の食
材をふんだんに使った和洋の名店や、散策
途中に立ち寄りたいカフェも数多い。

access

●鎌倉駅から
JR横須賀線で約3分
●東京駅から
JR横須賀線で北鎌倉駅まで
約55分

問合せ
☎0467-23-3050
鎌倉市観光協会
☎0467-61-3884
鎌倉市観光課
広域MAP P121C1〜D2

北鎌倉

茅葺き屋根が印象的な明月院の開山堂
境内には開山堂や明月院やぐらなどみどころ豊富。(→P23)

観光のヒント
比較的せまい範囲に由緒ある寺社が点在する
建長寺や円覚寺のほか、長壽寺、浄智寺、明月院など歩いて回れる距離にある。車を利用する場合、1カ所に停めて歩くのが得策。

大船高

小坂小

小八神社

JR横須賀線

大船駅へ

北鎌倉GALLERY NEST

光照寺

北鎌倉松花堂
(→P28) **6**

光泉

白雲庵
雲頂庵

正続院　続燈庵
正伝庵
寿徳庵　開基廟
如意庵

北鎌倉駅

帰源院

1 **円覚寺**
(→P18)

北鎌倉古民家ミュージアム

茶寮風花

北鎌倉
紫ゆかりの
明月院

北鎌倉
葉祥明美術館

東慶寺

喫茶吉野

北鎌倉ぬふ・いち

鎌倉さくら

浄智寺
(→P22) **5**

龍峰院
宝珠院

鎌倉学園
中高

妙高院

天源院

回春院

正統院

2 **建長寺**
(→P20)

半僧坊

建長寺総門の扁額は要チェック！
総門に掛かる扁額の百貫点と呼ばれる文字に注目。(→P20)

山福巨

長壽寺の庭園で心洗われる体験を
枯山水の庭園は眺めているだけで心が穏やかに。(→P22)

鎌倉五山
(→P27) **4**

禅居院

円応寺

海蔵寺

薬王寺

3 **長壽寺**
(→P22)

浄光明寺　鶴岡八幡宮・鎌倉駅へ

鎌倉駅へ

N
0　200m

おすすめコースは
3時間30分 🕐

北鎌倉駅を出るとすぐ円覚寺の境内へ。浄智寺、明月院、長壽寺、建長寺と続き、寺めぐりには格好のエリアだ。建長寺からは道なりに南下すると、鎌倉の中心となる小町通りへ。

スタート		1	2	3	4	5	6		ゴール
🚃	…	🌲 拝観	🌲 拝観	🌲 拝観	🍵 食べる	🌲 拝観	🛍 買い物	…	🚃
JR北鎌倉駅	▶	円覚寺	▶ 建長寺	▶ 長壽寺	▶ 鎌倉五山	▶ 浄智寺	▶ 北鎌倉松花堂	▶	JR北鎌倉駅
		徒歩1分	徒歩15分	徒歩5分	徒歩5分	徒歩3分	徒歩8分	徒歩1分	

鎌倉散策は、静寂な山の斜面に広大な境内をもつ名刹・円覚寺から

鬱蒼とした杉木立に囲まれた円覚寺。約6万坪の境内には、建造物、庭園などみどころが多く、夏目漱石の小説『門』の舞台としても登場しています。

ゆっくり
拝観
60分

さんもん
三門

門をくぐって厳かな気持ちに
夏目漱石の『門』の舞台ともなった重厚な門。天明3年（1783）に建てられたもの。楼上には十一面観音などが安置されている。

えんがくじ
円覚寺

**数々の伽藍が立ち並ぶ
鎌倉五山第二位の古刹**

元寇の戦死者を慰霊するため、鎌倉幕府の第8代執権北条時宗が弘安5年（1282）に創建した由緒ある古刹。開山は中国の僧・無学祖元。臨済宗円覚寺派の大本山。江戸幕府による再建や復興で、ほぼ創建時の伽藍配置がみられる。舎利殿と洪鐘の2つの国宝は必見。坐禅会（→P64）も行っている。

☎0467-22-0478 ㊖鎌倉市山ノ内409 ¥拝観500円 ㉑8時～16時30分（12～2月は～16時）㊡無休 ㋚なし ㋡JR北鎌倉駅から徒歩1分 MAP P122A1

BEST
SEASON

ウメ
2月中旬～3月上旬
仏殿の脇や選仏場の前など、境内のいたるところに紅白の花が咲く。

紅葉
11月下旬～12月上旬
鎌倉には珍しくカエデの木が多い。三門周辺の紅葉は見事。

▼本尊の如来像は珍しい冠を被っているため宝冠釈迦如来とよばれる

▶普段は立ち入り禁止の国宝建築。屋根は二層あるが一階建て

多数の文学作品に登場する円覚寺

禅宗の寺である円覚寺には、夏目漱石や島崎藤村、川端康成などの多くの作家が訪れ、自分自身と向き合う時間を作ったという。文学作品中に登場する場所をめぐるのもおすすめ。

しゃりでん
舎利殿
鎌倉で唯一の国宝建築

室町時代建造の、唐様の典型的な禅宗建築。堂内には源実朝が宋の能仁寺から分骨した仏舎利（お釈迦様の遺骨）が安置されている。正月三が日とゴールデンウィーク、11月の宝物風入れ時のみ特別公開される。

ぶつにちあん（かいきびょう）
佛日庵（開基廟）
北条氏本家の廟所

円覚寺の開基である北条時宗を祀っている。現在の建物は、文化8年（1811）に改築されたもの。

☎0467-25-3562　🏠鎌倉市山ノ内434　💴拝観100円（抹茶付き拝観700円、円覚寺拝観料別途）🕘9～16時🈚不定休

茅葺きステキ!

▲鎌倉仏師の三橋家によって三体の尊像が修理された

▶総高2.59m、直径1.42mの梵鐘

おおがね
洪鐘
鎌倉三名鐘のひとつ

143段の石段を登った先に茅葺きの鐘楼がある。梵鐘は鎌倉時代の代表的な作として国宝に指定。音色もさることながら、鎌倉最大の規模で形態も優美だ。

ぶつでん
仏殿
円覚寺の本尊を祀る

関東大震災で倒壊した後、元亀4年（1573）の『仏殿指図』に従って、昭和39年（1964）に再建された。

◀前田青邨監修、守屋多々志揮毫による巨大な白龍図

◀境内では比較的新しい建物

きげんいん
帰源院
夏目漱石も坐禅に訪れた

円覚寺の塔頭。明治27年（1894）夏目漱石が人生に悩み、ここに止宿して参禅した。原則として非公開だが事前にハガキで申し込めば拝観可能。

百観音めぐりでご利益を

方丈は本来住職の居間だが、現在は各種法要や坐禅会など多目的に利用されている。敷地内には石仏や陰刻された石碑など約100体が並ぶので、お参りすれば100カ所での観音詣でと同じご利益があるそうだ。

📖 JR横須賀線をはさんだ先、北鎌倉駅の近くにある白鷺池も境内の円覚寺の一部です。

我が国最初の禅宗道場として
創建された建長寺

ゆっくり
拝観
60分

鎌倉五山第一位の巨刹。三門、仏殿、法堂など主要な建物をめぐり、
境内最奥の半僧坊まで登れば、由比ヶ浜海岸や富士山を眺望できます。

さんもん
三門
鳥の翼のような屋根が印象的
安永4年（1775）建立。三門とは
「三解脱門」の略称で、門をくぐれば
解脱できるといわれている。門扉も
壁もないシンプルな造りが特徴。

けんちょうじ
建長寺

**760年余の歴史を誇る
日本初の本格的な禅寺**

臨済宗建長寺派の大本山で鎌倉五
山第一位。建長5年（1253）、日本
で最初の本格的な禅寺として鎌倉
幕府の5代執権・北条時頼によって
創建、開山は宋の禅僧・蘭渓道隆。
主要な建物が一直線に並ぶ禅宗様
式の伽藍配置は、宋の五山万寿寺
を手本にしたといわれている。

☎0467-22-0981 ⓗ鎌倉市山ノ内8
Ⓨ拝観500円 ⓣ8時30分～16時30分 ⓗ
無休 Ⓟ20台（1時間600円）ⓧJR北鎌倉
駅から徒歩15分 MAP P122B1

BEST
SEASON

ボタン
4月下旬～5月上旬
総門から仏殿にかけて
白やピンクのボタンが
咲き、あたりは甘い香り
に包まれる

紅葉
11月下旬～12月上旬
龍峰院や天源院周辺の
紅葉は見事。半僧坊ま
で足をのばせば紅葉と
富士山を眺望できる

▼座高は2.4m。格天井の花
鳥図も見事だ

◀（上）堂内に
千手観音像を
安置している
（下）屋根は入
母屋造銅板葺
きの法堂

昭和18年（1943）に移築された総門にも注目

総門の扁額に書かれた山号「巨福山」は、中国出身の第10代住職、一山一寧の筆によるもの。筆勢により「巨」の字に点が加わったことで、百貫もの重みが増したといわれ、「百貫点」とよばれている。

方丈庭園
鶴島、亀島を配した名庭
方丈の裏に位置し、蘭渓道隆によって造られたという。方丈には庭園を眺めるベンチも備わっている。

▲漢字の「心」をかたどったという池を中心に松の木が茂る池泉庭園

半僧坊
半僧半俗姿の大権現
境内最奥の階段を上った先にある、建長寺の鎮守で半僧坊大権現を祀る。周辺には烏天狗の像が立ち並ぶ。

▲半僧坊大権現は火除けや招福にご利益が

法堂
仏法の教えを説く建物
文化11年（1814）建立で、国指定の重要文化財。天井には創建750年を記念して小泉淳作画伯の手による雲龍図が掲げられた。

梵鐘
創建当時の様子を伝える
北条時頼の発願で、鋳物師の物部重光が鋳造。蘭渓道隆の銘文が浮き彫りにされている。国宝に指定。

▶円覚寺、常楽寺と並ぶ鎌倉三名鐘の一つ

仏殿
地蔵菩薩がご本尊
禅寺の本尊は釈迦如来像であることが多いが、建長寺の仏殿には地蔵菩薩が安置されている。室町時代の作。

◀江戸時代初期の華麗な装飾が施されている

総門、唐門…、門はいくつ？
境内には総門、三門、唐門をはじめ10以上の門がある。作られた時代や作者が異なり、それぞれに趣がある。

富士山を一望の展望台
半僧坊近くにある展望台・富士見台がある。鎌倉・湘南の海を見下ろせ、空気が澄んだ日には遠くに富士山も望める。

境内は主要な建物が一直線に並んでいるので道なりに歩けばすべて回れます。

北鎌倉駅から歩いて行きたい
臨済宗の古刹・名刹

北鎌倉には北条氏によって次々に禅宗の寺が建てられました。
境内や路地を彩る花々など、思わぬ景色に出合えるのもうれしいものです。

ここに注目!
さんもん
山門
花頭窓をあしらった上層に梵鐘を吊っている、珍しい中国風鐘楼門

石段の参道を上った先に立つ鎌倉唯一の中国風鐘楼門

ここに注目!
ていえん
庭園
美しい庭は書院の中でのんびりと愛でることができるのでぜひ

書院内には見学用座布団も用意。鎌倉の自然を肌で感じて

じょうちじ
浄智寺
三世仏を祀る名寺

ゆっくり拝観 30分

北条時頼の三男・宗政の菩提を弔うために弘安4年(1281)に創建された、鎌倉五山第四位の寺。本堂の曇華殿には過去、現在、未来で衆生を救ってくれる阿弥陀如来、釈迦如来、弥勒如来の木像三世仏坐像が安置されている。これらの坐像は南北朝時代のもので、県指定の重要文化財に指定。境内入口には鎌倉十井(→P53)のひとつに数えられる湧き水「甘露の井」(飲水不可)がある。

☎0467-22-3943 住鎌倉市山ノ内1402 ¥拝観200円 ⏰9時〜16時30分 休無休 ℗10台 交JR北鎌倉駅から徒歩8分 MAP P122A2

1本堂に安置されている三世仏坐像 **2**鎌倉江の島七福神の布袋の石像を祀る洞窟もある

ちょうじゅじ
長壽寺
足利尊氏の墓がある限定公開の寺

ゆっくり拝観 40分

茅葺の山門が趣深い臨済宗建長寺派の名刹は、建武3年(1336)に足利尊氏の邸跡に創建。足利尊氏の菩提寺で、境内奥に尊氏の墓という五輪塔がある。茅葺きの山門をくぐり境内に入ると、枯山水の美しい庭が広がり、春は竹林に咲くシャガや牡丹、秋には美しい紅葉を見られる。撮影目的のみでの拝観は不可。

☎0467-22-2147 住鎌倉市山ノ内1503 ¥拝観300円 ⏰4〜6月と10・11月の金〜日曜、祝日の10〜15時 休期間中雨天時中止 ℗なし 交JR北鎌倉駅から徒歩10分 MAP P122B2

1境内奥の石段の先にある足利尊氏の墓 **2**木造聖観音像が安置されている観音堂

アジサイの見頃は6月中旬〜下旬にかけて。北鎌倉では「アジサイ寺」と名高い明月院をはじめ、円覚寺、浄智寺でも色とりどりの花を楽しむことができます。アジサイの名所をめぐり、艶やかな風景を満喫！

☎0467-24-3437(明月院) MAP P122B1

ここに注目!
ほんどう
本堂
「悟りの窓」とよばれる丸窓から、手入れされた後庭園を望める

季節の移ろいを映し出す見事なしつらえ

ここに注目!
えんまだいおうぞう
閻魔大王像
笑っているようにも見えることから「笑い閻魔」ともよばれている

目に力があり、前に立つとただならぬ威圧感がある

めいげついん
明月院
アジサイ寺として全国的に有名

ゆっくり拝観 **30分**

6月になると参道から境内まで淡いブルーのヒメアジサイで埋め尽くされ、別名「アジサイ寺」ともよばれる。永暦元年（1160）に創建された明月庵を起源とし、のちに北条時宗が建立した禅興寺の子院として明月院と改められた。境内左手には鎌倉最大規模の「やぐら」が残され、明月院開基の上杉憲方墓と伝えられている。

☎0467-24-3437 住鎌倉市山ノ内189 ¥拝観500円 🕘9〜16時(6月は8時30分〜17時、最終受付は閉門の30分前) 休無休 Pなし 交JR北鎌倉駅から徒歩10分 MAP P122B1

1 後庭園は花菖蒲と紅葉の時期のみ拝観可能（別途500円）
2 自然に包まれた本堂

えんのうじ
円応寺
運慶作と伝わる閻魔大王像は圧巻

ゆっくり拝観 **20分**

鎌倉時代に流行した十王思想に基づき、本堂には人間の生前の行いを裁くという十王像を祀る。かつて由比ヶ浜にあった新居閻魔堂が津波で流出し、この地に移築されたと伝えられている。本尊の閻魔大王像は運慶の作といわれ、国指定の重要文化財。瀕死の運慶が、地獄で閻魔大王に自分の像を彫るようにいわれ生き返ったという逸話が残る。

☎0467-25-1095 住鎌倉市山ノ内1543 ¥拝観300円 🕘9〜16時(冬期は〜15時) 休不定休 Pなし 交JR北鎌倉駅から徒歩15分 MAP P122B2

1 木々に囲まれた茅葺き屋根の鐘楼 2 境内には本堂のほかに、石仏なども安置

 「やぐら」とは、山腹を利用した横穴式の墳墓のこと。平地の少ない鎌倉に多いことで知られています。

おさんぽ途中でのんびり
一軒家カフェで休憩しましょ

北鎌倉には木々の緑に調和した一軒家カフェがあちらこちらに。
やさしい味わいのスイーツとともに、贅沢なひとときを過ごしましょう。

うさぎまんじゅう抹茶セット 800円
蒸したてのまんじゅうの中身は栗餡で、甘すぎずさっぱりとした後味

これも
オススメ

アイス抹茶オーレ 630円
ミルクが入ってまろやかな口あたり。やさしい甘さに疲れを忘れる

北鎌倉
さりょうかざはな
茶寮風花

つぶらな瞳のまんじゅうに胸キュン♪

明月院(→P23)前のせせらぎ沿いにたたずむ茶寮。店内にはウサギの工芸品が置かれ、愛らしい表情に心が和む。名物はうさぎまんじゅうに抹茶とよもぎ団子が付いたうさぎまんじゅう抹茶セット。ウメや紅葉など季節の彩りを眺めながらゆったりと過ごしたい。

☎0467-25-5112 住鎌倉市山ノ内291 営10〜17時LO 休水曜(祝日の場合は翌日) P なし 交JR北鎌倉駅から徒歩8分 MAP P122B1

庭園を眺めるテラスの席も人気

一軒家カフェが多いのはなぜ?
北鎌倉の山ノ内地区では景観を損なわないよう、建築物の高さや外壁の色が制限されている。古民家を利用するなど、自然と調和したカフェが多いのはそのため。

これも
オススメ

**海老カレー
1300円**
深い甘味を感じるカレーはビーフと海老の2種類用意

**自家製チーズケーキ
(ドリンク付き) 800円**
焼き上げてから1日おくのでしっとりと濃厚な味わいに

北鎌倉
かまくらさくら
鎌倉さくら

美しい空間で至福の時を

店内のインテリアは白でまとめられ、明るくエレガントな空間。自家製チーズケーキはこだわりの卵と厳選した食材で作る濃厚で風味豊かな逸品。じっくり煮込んだ牛肉と玉ネギをたっぷり使用した手作りビーフカレー1400円もおすすめだ。

☎0467-67-1755 住鎌倉市山ノ内137-7 営10時30分〜22時 休不定休(6・11月は無休) P2台 交JR北鎌倉駅から徒歩8分 MAP P122B2

白が基調の明るいしつらえ

散策途中に
趣あるカフェへ

「喫茶吉野」は昭和55年（1980）創業の和モダンな喫茶店。サイフォンで一杯ずつ淹れるコーヒーは自慢のフルーツケーキやパウンドケーキとセット1100円でくつろげる。季節の草花を眺めるサンルームやテラス席もある。
☎0467-24-9245 **MAP**P122A2

**みたらしだんご
650円**
1串に5つだんごが付く3本セット。上品な甘さなのでペロリ！

これも
オススメ

**クリームあんみつ
750円**
自家製寒天と季節のフルーツがのる。滑らかな餡と黒蜜どちらも自家製

北鎌倉
さぼう はなれい
茶房 花鈴
庭園を眺めながら甘味に舌鼓

円覚寺（→P18）の総門すぐの場所にある甘味処。入口に「みたらしだんご」の吊り旗があるとおり、だんごが名物。国産の上新粉を使用しただんごを注文を受けてから1本ずつ焼き蜜をくぐらせたみたらしだんごは絶品。
☎0467-24-9737 住鎌倉市山ノ内395
●10時30分～16時30分LO 休不定休
Pなし 交JR北鎌倉駅から徒歩3分
MAPP122A1

北鎌倉
きたかまくらぎゃらりー ねすと
北鎌倉GALLERY NEST
眺望とアート鑑賞も楽しめるカフェ

季節ごとに絵画、写真、陶芸などの作家作品を展示するギャラリー併設のカフェ。高台にあり、窓やテラス席から北鎌倉の山々を一望。低く流れるジャズをBGMに、自慢の手作りケーキや竹の重箱和風弁当を。

☎0467-47-9540 住鎌倉市台1399-1
●10時～17時30分LO 休月～金曜（要事前確認）Pなし 交JR北鎌倉駅から徒歩8分
MAPP122A1

北鎌倉の風
と光、自然を
感じるカフェ

庭を望めるカ
ウンター席も

鎌倉チーズケーキ550円
濃厚なチーズの風味が絶品で、コーヒー550円やワイン660円にもあう。

これも
オススメ

**竹の重箱和風弁当
1650円**
黒米ご飯と季節の鎌倉野菜を使った総菜が並ぶ。サラダ、スープ付き。竹のお重に入った特別弁当

北鎌倉
きたかまくら おうちかふぇ
北鎌倉 樂カフェ
季節を感じる上質な洋菓子でブレイク

北鎌倉の外れ、坂の上にひっそりとある隠れ家カフェでは、「食べる幸せ」をテーマにした旬食材で作る洋菓子と、こだわりのコーヒーを楽しめる。季節のケーキは常時3種類、3カ月ごとに替わるので、何度でも訪れたい。完全予約制なので、事前予約を忘れずに！
☎0467-38-7391 住鎌倉市山ノ内872-1
●12～18時（要予約）休月～水曜、第1土曜（祝日の場合は営業）Pなし 交JR北鎌倉駅から徒歩8分 **MAP**P122A2

これも
オススメ

季節のケーキ 600円～
春はイチゴ、夏は桃、秋は洋梨やリンゴ、冬はガレットデロワなど、季節の味を提供。写真は秋限定の和栗のモンブラン800円

オペラ 700円
風味の異なる2種類のチョコレートを使用したスペシャリテ。産地や焙煎具合にもこだわったコーヒー500円と一緒にぜひ味わって

2匹の看板犬が迎えてくれる

カジュアルだけどちょっぴりぜいたく
腕利きシェフの名店でお手軽ランチ

古都の風情色濃い北鎌倉には、本格懐石料理やイタリアン、フレンチの名店が点在。寺社めぐりのあとは、四季がぎゅっと詰まった一皿を五感で楽しみましょう。

気になる一品

穴子蒸し寿司
950円は人気
のみやげ

＋
昼懐石『うめ』
4200円

先附から甘味まで全8品。炊き合わせはダシがきいたふくよかな味わい

気になる一品

ちりめん山椒
1000円

＋
季節膳
3630円

焼き魚や天ぷら、蒸し物などと、その季節の一品が付いたお膳

きたかまくら えん
北鎌倉 円

白鷺池を借景にしたぜいたくな空間

数寄屋造の落ち着いた店内で、窓の向こうには白鷺池を望める店。吟味した食材を使うのはもちろん、手間と時間をかけて料理を仕上げている人気の和食店だ。朴葉で包み蒸し上げる穴子蒸し寿司はみやげや贈答用にも人気のメニュー。

☎0467-23-6232 住鎌倉市山ノ内501 ⏰11時30分〜14時、17時〜18時30分LO（夜は要予約）休月曜 Pなし 交JR北鎌倉駅から徒歩すぐ
MAP P122A1

1店内の座席は10席ほど 2店名を書した額が飾られている

はちのき しんかん
鉢の木 新館

盛り付けも秀逸な季節のお膳

昭和39年（1964）の創業という会席料理の名店。広々とした店内にはテーブル席もあり、幅広い年齢層に利用されている。全国から取り寄せた旬の食材を使用したお膳は、季節ごとに替わるので何度でも訪れたい。

☎0467-23-3723 住鎌倉市山ノ内350 ⏰11時30分〜13時30分LO、17時〜19時30分LO（夜は要予約）休水曜（祝日の場合は変動）P15台 交JR北鎌倉駅から徒歩4分
MAP P122A2

1宴会も行われる広い店内 2鎌倉街道沿いにある

精進料理に由来する けんちん汁を 名店でいただく

「鎌倉五山」で建長寺(→P20)ゆかりのけんちん汁を。大根やゴボウなど野菜たっぷりのけんちん汁に季節の炊き込みご飯が付いた紫陽花セット(写真)1200円を用意。☎0467-25-1476 **MAP** P122B2

セットの一品
ある日のデザート、白インゲン豆の白ワイン煮と、ブルーベリーのジェラート

✛
B ランチ
1900円

彩り、味ともに秀逸な日替わりの前菜とピザまたはパスタ、デザート付き

たける くいんでぃち
Takeru Quindichi
趣ある古民家で本格ナポリのピザを

本格派南イタリア料理が地元の人にも評判の古民家レストラン。ナポリで修業したシェフが石窯で焼くピザは絶品だ。3コースあるランチ1600〜3000円のなかでもデザート付きのBランチがお得。

☎0467-23-7355 住鎌倉市山ノ内1384 ⏰12〜14時LO、18〜22時LO(土・日曜、祝日は昼のみ二部制12時〜13時50分、14時10分〜16時 休不定休 Pなし 交JR北鎌倉駅から徒歩5分 **MAP** P122A1

1 和の趣を残した落ち着ける空間 **2** 人気の店なので事前に予約をしておくと安心

気になる一品
紫-ゆかり-プリン550円はテイクアウトも可

✛
ランチセット
3300円

鎌倉野菜のサラダまたはスープ、牛頬肉のビロード煮、自家製ライ麦パンの3品

きたかまくらゆかり
北鎌倉 紫-ゆかり-
フレンチの名手が追及した牛頬肉煮込み

鎌倉フレンチの名店「ミッシェルナカジマ」がプロデュース。シックな和モダンの空間で、シェフこだわりの国産牛頬肉のビロード煮込みが味わえる。低温でじっくりと煮込み、一晩寝かせた軟らかく滋味深い肉が濃厚なソースと絡みあう、究極の逸品だ。

☎0467-67-6159 住鎌倉市山ノ内187 ⏰10時30分〜19時LO 休金曜(祝日の場合は前日) Pなし 交JR北鎌倉駅から徒歩8分 **MAP** P122B1

1 中庭を望む2階建ての店内 **2** 古民家を改築した和風の門構え

📖 北鎌倉には、ミシュランガイドに掲載された名店もあり人気なので、訪れる前日までに予約を済ませておきましょう。

ココにも行きたい

北鎌倉周辺のおすすめスポット

北鎌倉古民家ミュージアム
きたかまくらこみんかみゅーじあむ

ノスタルジックな空間で作品鑑賞

築170年以上の古民家を移築し、雛人形や古裂、切り絵、キルトなど多彩な作家の企画展を季節で開催。庭にある100種類ものアジサイをはじめ、各地の珍しい品種を集めたあじさい展が5月下旬〜6月に行われる。**DATA**☎0467-25-5641 🏠鎌倉市山ノ内392-1 ¥入館500円（季節により変動あり）🕙10〜17時（季節により変動あり）休無休（展示替えによる休館あり）Pなし 交JR北鎌倉駅から徒歩3分 **MAP**P122A1

北鎌倉 葉祥明美術館
きたかまくら ようしょうめいびじゅつかん

やさしい色彩が誘う和やかな世界

画家で詩人、絵本作家の葉祥明氏の個人美術館。趣のある洋館全体が一冊の絵本のようになるよう、氏がプロデュース。水彩画、油絵、デッサン、絵本の原画など約70点以上を展示。人気キャラクター、犬のジェイクなどのオリジナルグッズも販売。**DATA**☎0467-24-4860 🏠鎌倉市山ノ内318-4 ¥入館600円 🕙10〜17時 休無休 P1台 交JR北鎌倉駅から徒歩7分 **MAP**P122B1

ブラッスリー航
ぶらっすりーこう

地産地消をモットーにしたレストラン

その日に仕入れた鎌倉野菜を、調理し提供する店。シグネチャーは、サックリ食感の生地にアボカドピュレを詰めたアボカドのエクレア1950円（写真）。**DATA**☎非公開 🏠鎌倉市山ノ内520-2（2023年9月に移転予定：🏠鎌倉市山ノ内703-3）🕙11〜17時（14時〜はカフェタイム）、18時〜20時30分LO 休月曜（祝日の場合は営業）、火曜のディナー（要確認）Pなし 交北鎌倉駅から徒歩3分 **MAP**P122A1

La PEKNIKOVÄ
ら ぺくにこう゛ぁ

緑に包まれた隠れ家レストラン

元在スロバキア日本大使公邸の料理人だったオーナーが腕を振るう隠れ家レストラン。鎌倉野菜や地元魚介を使い、彩りも華やかなフレンチベースの料理が味わえる。前菜盛り合わせ、本日のスープ、魚と肉料理のメインにドリンクが付くランチセットA3900円はお値打ちメニューだ。**DATA**☎0467-39-5092 🏠鎌倉市山ノ内1149-8 🕙11時30分〜15時（11時30分〜と12時30分〜の2部制、要予約）18〜22時（要予約）休水曜夜、木曜（祝日の場合は営業）P2台 交JR北鎌倉駅から徒歩15分 **MAP**P122A2

目も楽しませるランチセットA

スタイリッシュな店内か北鎌倉の深い森を望み涼風を感じるテラス席で

北鎌倉 ぬふ・いち
きたかまくら ぬふ・いち

鎌倉野菜を堪能できるカレーの名店

15種類以上の旬の鎌倉野菜が味わえる鎌倉野菜のスープカレー1700円が人気。滋味豊かな十六穀米と、それぞれの持ち味を生かし茹で、揚げ、ソテーされた野菜を、野菜ベースのスパイススープでいただく。プラス300円で骨付きソーセージが付く。**DATA**☎0467-61-2701 🏠鎌倉市山ノ内159 🕙11〜16時（食材がなくなり次第終了）休不定休 Pなし 交JR北鎌倉駅から徒歩10分 **MAP**P122B2

光泉
こうせん

北鎌倉散策のみやげにもぴったり

昭和26年（1951）の創業以来、北大路魯山人や小津安二郎など著名人にも愛された稲荷寿司680円（写真）は、甘く煮付けた油揚げと、粗塩と米酢で味付けした酢飯とのバランスが絶妙。週末には午前中に売り切れてしまうこともあるほどの人気だ。**DATA**☎0467-22-1719 🏠鎌倉市山ノ内501 🕙10〜15時（売り切れ次第閉店）休火曜 Pなし 交JR北鎌倉駅から徒歩すぐ **MAP**P122A1

狸穴 カフェ
まみあな かふぇ

日本家屋でいただく絶品洋食

西洋のアンティークを飾った日本家屋の店内では、ランチ限定のビーフシチュー2300円（写真）をぜひ。ワインをベースにじっくり時間をかけて煮込むビーフシチューは、地元の人にもリピーターが多い確かな味。ソファの並ぶ店内で、くつろいで。**DATA**☎0467-33-4866 🏠鎌倉市山ノ内403 🕙11時30分〜17時、17〜22時（要予約）休無休 Pなし 交JR北鎌倉駅から徒歩3分 **MAP**P122A1

北鎌倉松花堂
きたかまくらしょうかどう

徳川家御用達の由緒ある菓子

鎌倉街道沿いにある和菓子店。名物のあがり羊羹1404円は、江戸時代に尾張徳川家へ献上され、茶道羊羹として用いられていたもの。しっとりとした口あたりと上品な甘さで、水羊羹と煉羊羹の中間のような味わいが特徴。**DATA**☎0467-22-6756 🏠鎌倉市山ノ内1340 🕙9〜17時 休月曜 P1台 交JR北鎌倉駅から徒歩1分 **MAP**P122A1

鎌倉のお寺めぐりを楽しむために知っておきたい歴史と禅宗文化

ふむふむコラム
fumu fumu

鎌倉の土台となった武士たちの歴史と、
文化の底流となった禅の心に触れてみましょう。

{ 鎌倉の歴史を彩った人々 }

「いざ鎌倉」「一所懸命」といった言葉は鎌倉時代、武士たちの間に生まれた言葉。平安時代の貴族たちから主役の座を奪った武士の世は、この鎌倉から始まった。平氏を滅ぼした源頼朝（1147-99）が征夷大将軍となって鎌倉幕府をこの地に開き、わが国初の武家政権を樹立。妻の北条政子（1157-1225）は二代頼家、三代実朝の母として、子どもたち亡き後も幕政を握り「尼将軍」と呼ばれた。三代実朝が甥の公暁によって暗殺され、源氏の血が途絶えると、幕府の実権は政子の実家北条氏が握る。五代執権の北条時頼（1227-63）は禅宗に深く帰依して建長寺（→P20）を建立。鎌倉に禅宗が根付くきっかけを作った。また頼朝の弟、源義経の側室である静御前も鎌倉にゆかりが深い。義経と頼朝の不和により捕らわれて鎌倉に配送され、頼朝、政子夫妻の前で義経を慕って歌い舞を舞ったエピソードはあまりにも有名だ。その舞は毎年4月鎌倉まつり（→P115）の際に、鶴岡八幡宮（→P32）の舞殿で華やかに再現されている。

鶴岡八幡宮の舞殿で奉納される「静の舞」

色彩を押さえ禅宗らしい円覚寺の妙香池。江戸時代の絵図を元に復元された

{ 禅宗の興隆と禅宗庭園 }

鎌倉時代に中国で禅を学んだ栄西（1141-1215）。栄西がもたらした臨済禅は、北条氏ら有力武士たちの帰依により隆盛し、禅寺は五山制度としてその格式も定められるようになった。鎌倉五山といえば、第一位建長寺、第二位円覚寺（→P18）、第三位壽福寺、第四位浄智寺（→P22）、第五位浄妙寺（→P50）の5つ。鎌倉時代、中国の五山制度にならってつくられ、至徳3年（1386）室町三代将軍足利義満が現在のかたちに制定。五山は大名の庇護を受け、寺勢を高めた。
禅宗庭園にはそれまでの日本の庭園とまったく異なる点がある。平安時代の庭園が建造物の南側にあり、音曲や舞、歌会などを催す場だったのに対し、建長寺などの禅宗庭園は、山門をくぐると前栽列樹と呼ばれる巨木が一列に並ぶ。仏殿、方丈などの主要建物の南側には白砂を敷き詰め周囲に木々をめぐらした簡素な庭。儀式などに使われる公式の庭園とした。逆に方丈の北側には池泉を造り、緑を巡らした方丈庭園を造る。こちらは建物の縁側から眺めるいわば私的な庭園だ。砂の白、池の水面、苔や木々の緑といった色数の少ない庭園は心を静め、雑念を払ってくれる。
鎌倉の禅宗庭園ではさらに、独特の地形である岩盤や穴を利用し、景観に個性を加えた。円覚寺の妙香池や、夢窓国師作と伝える瑞泉寺（→P52）の池泉式庭園などは、ぜひ見ておきたい庭だ。

{ 暮らしの中に生きる禅 }

鎌倉には禅がもたらしたものが、暮らしの中に多く息づいている。禅宗を鎌倉に広めた栄西は同時に「お茶」文化を日本に伝えた人。『喫茶養生記』を著し、お茶の飲用習慣と効能を説いた。やがて禅における茶は茶道となり、発展していく。報国寺（→P51）や浄妙寺などの禅寺で、抹茶をいただくいわれはこのあたりにある。茶道とともに華やかな和菓子が発展し、禅寺での食事「精進料理」が鎌倉に息づいていることも、禅との関わりが深い証。滋養豊かなけんちん汁は、建長寺の修行僧が作っていた精進料理から「建長汁」がなまったとの説もある。鎌倉の食文化を味わう時、何も無駄にしない禅の心を思い出してみよう。

これしよう！
情緒たっぷり
グルメで休憩♪

若宮大路の「段葛こ寿々」
（→P39）では昔ながら
のわらび餅が人気。

これしよう！
春の花見は源氏池が
おすすめ

鶴岡八幡宮の源氏池
（→P33）畔の桜は3月下
旬〜4月上旬に咲き、みごと。

これしよう！
鶴岡八幡宮は
誰もが訪れる名所

鎌倉の町づくりの中心と
なった古社は鎌倉観光の
定番スポット。（→P32）

名店がひしめく賑やかな小町通りへ

鎌倉駅周辺
かまくらえきしゅうへん

小町通りではバラエティに
富んだみやげ探しを

こんなところ

鎌倉のシンボル鶴岡八幡宮を中心に、周辺
に新旧の店が立ち並ぶ鎌倉観光の王道エリ
ア。鎌倉最大の繁華街・小町通りには、古く
から親しまれている行列グルメ店やレトロ
モダンなショップも多く、平日でも大勢の人
が訪れる。西口周辺には個性的な店が軒を
連ね、ショップめぐりも楽しみ。

a c c e s s

●鎌倉駅へ
東京駅からJR横須賀線で
約60分

問合せ
☎0467-23-3050
鎌倉市観光協会
☎0467-61-3884
鎌倉市観光課
広域MAP P121C2

～鎌倉駅周辺おさんぽマップ～

鎌倉が誇る
伝統工芸鎌倉彫
上質なみやげとして
人気の鎌倉彫について知ろう。(→P41)

北鎌倉駅へ

神奈川県立近代美術館 鎌倉別館

妙伝寺 卍

2 鶴岡八幡宮
(→P32)

源頼朝の墓

白旗神社 卍

4 鎌倉市川喜多映画記念館
(→P47)

鎌倉文華館
鶴岡ミュージアム

横浜国立大附属
鎌倉小中

英勝寺 卍

八坂大神 ⛩

鎌倉市鏑木清方
記念美術館

ファミリーマート

JR横須賀線

3 創作和料理「近藤」
(→P38)

卍 宝戒寺

ホテル
シャングリラ鶴岡

巽神社 ⛩

お寿々

段葛

いつもと違う目線で
鎌倉観光を!
人力車なら有風亭(☎
090-3137-6384)
の青木さんにおまかせ。

豊島屋 本店

妙隆寺 卍

1 段葛
(→P33)

小町通り
(→P34) **5**

鎌倉彫
資料館

6 イワタコーヒー店
(→P37)

鎌倉駅

西口
東口

ホテル
メトロポリタン鎌倉 ⛩ 蛭子神社

大巧寺 卍

観光のヒント
混雑を避けるなら
若宮大路を歩こう!
休日ともなると小町通りは相当混
雑するので、並行する若宮大路を
歩くのがおすすめ。2本のストリー
トは路地で行き来できる。

江ノ島電鉄

卍

本覚寺 卍

妙本寺 卍

和田塚駅へ

逗子駅へ

N
0　　　　　200m

鎌倉駅周辺

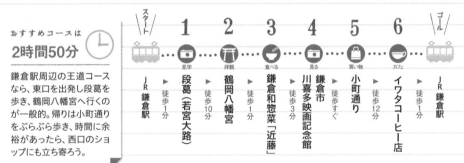

スタート

1 見学

2 拝観

3 食べる

4 見る

5 買い物

6 カフェ

ゴール

おすすめコースは
2時間50分
鎌倉駅周辺の王道コース
なら、東口を出発し段葛を
歩き、鶴岡八幡宮へ行くの
が一般的。帰りは小町通り
をぶらぶら歩き、時間に余
裕があったら、西口のショ
ップにも立ち寄ろう。

JR鎌倉駅
→ 徒歩1分 →
段葛(若宮大路)
→ 徒歩10分 →
鶴岡八幡宮
→ 徒歩1分 →
鎌倉和惣菜「近藤」
→ 徒歩3分 →
鎌倉市川喜多映画記念館
→ 徒歩すぐ →
小町通り
→ 徒歩12分 →
イワタコーヒー店
→ 徒歩1分 →
JR鎌倉駅

鎌倉の中心に位置している
鶴岡八幡宮はシンボルのひとつです

若宮大路の二ノ鳥居から三ノ鳥居を結ぶ段葛は鶴岡八幡宮の参道。
境内には壮麗な社殿が立ち並び、いつも多くの参拝者で賑わっています。

ゆっくり
拝観
60分

ほんぐう
本宮
江戸時代建造の絢爛豪華な社殿
現在の本宮は文政11年 (1828)、江戸幕府第11代将軍の徳川家斉によって造営されたもの。流権現造とよばれ、国の重要文化財に指定されている。

つるがおかはちまんぐう
鶴岡八幡宮

武士の守護神として崇拝された神社

源頼義公が京都の石清水八幡宮を由比ヶ浜辺に勧請したのが起源。治承4年 (1180) に鎌倉入りした源頼朝公が、現在の地に遷し祀り武士の守護神とした。武家精神のよりどころとして崇拝されてきた。現在は鎌倉のシンボルのひとつとして多くの参拝者が訪れる。

☎0467-22-0315 🏠鎌倉市雪ノ下2-1-31 ¥参拝自由 ⏰6時～20時30分 休無休 P有料40台 🚃JR・江ノ電鎌倉駅から徒歩10分 MAP P123C2

BEST
SEASON

桜
3月下旬～4月上旬
源氏池を囲むように咲き誇るソメイヨシノは特にみごと。参道「段葛」の新しい桜並木も開花し始め、みずみずしい眺め。

蓮

7月中旬～8月上旬
源氏池と平家池にはハスが群生し、夏になると艶やかな紅白の花を咲かせる。花弁が大きく開く朝が見頃。

祭 事

1月 4日	手斧始式
1月 5日	除魔神事
5月 5日	菖蒲祭
6月30日	大祓
8月 9日	実朝祭
9月14～16日	例大祭
9月15日	神幸祭
9月16日	流鏑馬神事
10月28日	白旗神社文墨祭
12月31日	大祓

▲菖蒲祭などの神事のほか、ここで挙げられる神前結婚式も人気がある

舞殿
静御前が舞った場所

「下拝殿」ともいい、源義経を慕う静御前が頼朝公に請われて舞を披露したとされる若宮廻廊跡に立つ。毎年4月の鎌倉まつりでは「静の舞」が奉納される。

▼一ノ鳥居、二ノ鳥居とともに徳川4代将軍綱によって寄進された

さんのとりい
三ノ鳥居
境内入口に立つ大鳥居

関東大震災により倒壊し、現在の鳥居は昭和2年（1927）に造られた。

▶親銀杏が子銀杏を見守るように並ぶ

おやいちょう（おおいちょう）・こいちょう
親銀杏(大銀杏)・子銀杏
再生・成長する御神木

樹齢約1000年といわれた御神木が2010年3月、強風により倒伏。その根から芽生えた後継樹が成長を続ける。

はたあげべんざいてんしゃ
旗上弁財天社
池の中に鎮座する弁天社

社殿のまわりには頼朝公の旗上げにちなみ奉納された多くの旗がはためく。

◀社殿の背後には「政子石」という石があり、頼朝公と妻政子の夫婦円満にあやかり多くの人が訪れる

（地図内ラベル）
宝物殿
本宮
丸山稲荷社
大石段
親銀杏（大銀杏）・子銀杏
若宮（下宮）
白旗神社
祖霊社
舞殿
休憩所
鶴岡研修道場
日日
社務所
鎌倉国宝館
鎌倉文華館 鶴岡ミュージアムカフェ P.42
鶴岡幼稚園
鎌倉文華館 鶴岡ミュージアム P.47
鎌倉文華館 鶴岡ミュージアムショップ P.111
休憩所
源氏池
平家池
政子石
太鼓橋
旗上弁財天社
茶寮 風の社
神苑ぼたん庭園
三ノ鳥居
若宮大路
横大路
鎌倉駅へ
鶴岡街道

かまくらこくほうかん
鎌倉国宝館
鎌倉の文化財を展示

災害から文化財を保護し、収蔵・展示を行うために建てられた。社寺に伝来する代表的な作品を展示している。

☎0467-22-0753 🏠鎌倉市雪ノ下2-1-1 ￥400～700円（展示により異なる）🕘9時～16時30分（最終入館は16時）休月曜（祝日の場合は翌平日）P なし🚃JR鎌倉駅から徒歩12分

▼春は桜、秋は紅葉を水面に映し風情がある景観を楽しめる

げんぺいいけ
源平池
願いを込めた2つの池

太鼓橋の両側に広がる池。源氏池には源氏の繁栄を願って三（産）島が、平家池には滅亡を願って四（死）島があるともいわれている。春は源氏池畔の桜が咲き必見。

▲両側に桜が植えられ、春は花の参道が鶴岡八幡宮へと誘ってくれる

たいこばし
太鼓橋
参道へと続く架け橋

源平池に架かる弓状の石橋。当初は朱塗りの木造だったため「赤橋」とよばれていた。現在渡ることはできないので注意。

◀社殿を望み格好の撮影ポイントになっている

だんかずら
段葛
艶やかな花の参道

北条政子の安産を祈願して造られた参道。若宮大路の二ノ鳥居から三ノ鳥居まで約500m続く。

小町通り〜若宮大路で ハイセンスなおみやげ探し

JR鎌倉駅東口から続く小町通りはいつも賑やかなショッピングストリート。
女性のココロをくすぐるおしゃれなショップをめぐるのも鎌倉観光の定番です。

▼絶鎌倉みやげ
にぴったりの大仏
ビール 300ml
550円

1 和洋菓子舗 日影茶屋
わようがしほ ひかげぢゃや

老舗で味わう伝統の和菓子

創業300年以上の葉山にある日本料理店「日影茶屋」の和洋菓子店。伝統的な和菓子は、食材、形、味ともに職人のこだわりが感じられ、焼き菓子などの洋菓子も種類豊富に揃う。

☎0467-24-1211 住鎌倉市小町2-2-26 ⏰10〜18時 休無休 Pなし 交JR鎌倉駅から徒歩2分 MAP P125C3

▲店内には小町店限定の洋菓子も並ぶ

◀つるんと涼を運ぶれんこん餅
3本入り756円

▲定番の日影大福238円は甘さ控えめのつぶ餡

上の商品には40種
店内には
類の商品が並ぶ

2 鎌倉ハム富岡商会 鎌倉小町本店
かまくらはむとみおかしょうかい かまくらこまちほんてん

伝統製法を守る確かな味

明治33年（1900）に創業した老舗精肉店。100年を超える伝統製法を継承し、鎌倉の地を製造拠点として、こだわりのハムとソーセージを提供し続けている。

☎0467-25-1864 住鎌倉市小町2-2-19 相模屋ビル1階 ⏰10〜18時 休水曜 Pなし 交JR鎌倉駅から徒歩3分 MAP P125C2

3 相模屋酒店
さがみやさけてん

鎌倉・湘南・葉山の酒が揃う

創業50年以上の老舗酒店。鎌倉はもちろん、湘南や葉山のクラフトビールや地酒などが充実しているので、大人みやげが見つかると評判。相模屋オリジナルの地酒などもあるので要チェック。酒選びの相談も可能。

☎0467-22-1613 住鎌倉市小町2-2-19 ⏰10〜18時 休火曜 Pなし 交JR鎌倉駅東口から徒歩3分 MAP P125C2

▼鎌倉のクラフトハイボール
310ml650円

▲鎌倉梅ワインなども販売

4 小町通

◀鎌倉煮和風豚角煮醤油味
594円が人気

◀はちみつレモン館など団子
1本180円〜

鎌倉駅◉

ニノ鳥居◉

▼1滴ずつ丁寧に調合。調合は3回まで試せる。所要は90分程度。8000円〜

若宮大路

4 和茶房 鎌倉さくらの夢見屋 小町通り本店
わさぼう かまくらさくらのゆめみや こまちどおりほんてん

▶散策途中に立ち寄りたい

創作団子をテイクアウト

桜のリキュールで風味付けし、塩漬けの花をあしらった桜餡や、はちみつレモン館、宇治抹茶を使った抹茶餡など多彩なオリジナルの創作団子が15種類揃う。

☎0467-25-3815 住鎌倉市小町2-7-34 ⏰10時〜17時30分(土・日曜、祝日は〜18時) 休無休 Pなし 交JR鎌倉駅から徒歩3分 MAP P125C2

5 enso kako -a scent-
えんそう かこう あせんと

オリジナルのフレグランスを作る！

自然派の美容用品を展開するブランド「OSAJI」が手がけるレストランとショップを併設した香りの複合施設。エッセンシャルオイルを調合して、自分好みのオリジナルフレグランス作りができる。

☎0467-39-6141 住鎌倉市小町2-8-29 ⏰10時30分〜18時 休水曜(祝日の場合は翌平日) Pなし 交JR鎌倉駅東口から徒歩4分 MAP P125C2

▼元芸者置屋の建物を利用

▲エッセンシャルオイル（右）
か ルームフレグランスを

◀2階はイートイン

▲鎌倉彫の梅文様をアレンジしたマスキングテープ 1個352円〜、クリアファイル 1枚242円〜

英国アンティーク博物館もあります

鎌倉の自然を守った英国ナショナルトラスト発祥の地に、「英国アンティーク博物館BAM鎌倉」が誕生。シャーロックホームズの部屋などを再現。
☎0467-84-8689 **MAP**P125D1

6 としまや せとこうじ
豊島屋 瀬戸小路

焼きたてわっふるが美味

鳩サブレーで有名な豊島屋（→P108）が手掛けるわっふるの専門店。注文を受けてからワッフル生地を焼き、特製の小倉餡やあんずジャムをサンド。ふわふわできたての味をぜひ。瀬戸小路店限定のみやげもあるので要チェック。
☎0467-84-8585 **住**鎌倉市小町2-7-26 **時**10〜17時 **休**無休 **P**なし **交**JR鎌倉駅東口から徒歩5分
MAPP125C2

▲手前は瀬戸小路限定の御干菓子180円（右）、わっふるあんずジャム250円（右）、カスタードクリーム280円（左）

7 かまくらぼりかいかん かふぇあんどしょっぷぐり
鎌倉彫会館 CAFE&SHOP倶利

日常使いしたい鎌倉彫が満載

雅な鎌倉彫の器で提供される低温直火焙煎の倶利ブレンドや精進刻御膳2250円などが楽しめるカフェ。隣接のショップでは、カフェの器や伝統模様の文房具、鎌倉彫のアクセサリーなども扱う。
☎070-8977-5751（CAFE倶利）**住**鎌倉市小町2-15-13鎌倉彫会館1階 **時**11〜19時（ショップは9時30分〜）**休**月曜（ショップは無休）**P**なしJR鎌倉駅から徒歩5分
MAPP125D2

▶若宮大路に面した鎌倉彫会館1階にある

▲倶利ブレンドとチーズケーキのセットは1450円

8 えどしょく
江戸職

職人の技で作られたブラシ

馬毛を一つ一つ手で植えたフェイスブラシやボディブラシは、バスタイムに活躍しそう。毛穴の老廃物を取り除いてくれる天然素材のブラシは、とても使いやすい。
☎0467-23-5028 **住**鎌倉市雪ノ下1-5-31 **時**10〜17時 **休**水曜（祝日の場合は営業）**P**なし **交**JR鎌倉駅から徒歩8分 **MAP**P125C1

◀馬毛使用のボディブラシ（S型）3850円

▲手植のブラシのほかシュロタワシも種類豊富

▲肌にちょうどいい手植フェイスブラシ2500円

▼若草、ばら、紫陽花のお香が入った、花こもん1980円

9 はしせんもんてん わらく
箸専門店 和らく

日本全国の伝統工芸箸が一堂に会する

鎌倉彫の箸はもちろん、輪島塗や津軽塗など日本全国の伝統工芸による箸が店内に並ぶ。みやげには鎌倉彫の夫婦箸2640円〜を。希望すれば箸に無料で名彫りも（所要1膳約10分）。
☎0467-24-0463 **住**鎌倉市雪ノ下1-6-28 **時**10時〜17時30分（土・日曜、祝日は〜18時）**休**不定休 **P**なし **交**JR鎌倉駅から徒歩5分 **MAP**P125C1

▶鎌倉彫の夫婦箸2980円（左）、2640円（右）

▼約1万本の箸がある

10 こうし きとうてんくんどう
香司 鬼頭天薫堂

古都鎌倉の伝統を感じる香り

オリジナルのお香や高級線香をはじめ、香炉、香袋などが揃う香りの専門店。気品ある香木や花の香り、季節限定のお香など種類も豊富にラインナップ。
☎0467-22-1081 **住**鎌倉市雪ノ下1-7-5 **時**10〜18時（季節により変動あり）**休**無休 **P**なし **交**JR鎌倉駅から徒歩8分 **MAP**P125C1

▲伽羅の香りが漂う店内

鶴岡八幡宮
三ノ鳥居
段葛
鎌ケ丘会館

鎌倉駅周辺でゆっくりと ランチやカフェタイムを楽しみたい

洗練された鎌倉の町では「洋」のランチ＆カフェに大注目♪
鎌倉さんぽを演出するおしゃれな店で、ゆったりした時間を過ごしましょう。

これも人気
KIBIYAベーカリー（→P42）のパンも各種食べられる

✛
ミックスピザランチ
1500円
クリスピーな生地にたっぷりの具とチーズを。食べごたえ抜群！

御成通り
れすとらん きびや

RESTAURANT KIBIYA

復活した老舗のミックスピザを堪能！

昭和45年（1970）に雪ノ下で営業を開始し、2002年に惜しまれながら閉店した鎌倉初のイタリアンが、鎌倉駅西口の御成通りに復活！創業当時のレシピで作られるミックスピザやグラタンは、ホッとできる昔懐かしい味わい。

☎0467-33-4272 ⓗ鎌倉市御成町7-11 ⓣ11～14時LO、17～21時LO ⓗ水曜 Ⓟなし ⓧJR鎌倉駅西口から徒歩3分 MAP P124B1

❶昔ながらの建物を再利用した店内。ドアや看板は創業当時のもの

プラス1品
ランチメニューに付く、プティ・フール

✛
Cランチ
2990円
メインディッシュは国産牛ほほ肉のとろり赤ワイン煮込み

雪ノ下
ぷてぃあんじゅいぶき

プティアンジュ息吹

フレンチならではの美しい盛り付け

鎌倉の野菜や海鮮を使用したメニューを、毎朝焼くハーブパンと一緒に楽しめる店。肩ひじ張らずにふらりと入れる店内で、昼からワインというぜいたくも。ランチはオードブル、スープ、メイン料理、プティ・フールが付くセットをぜひ。

☎0467-25-3371 ⓗ鎌倉市雪ノ下1-6-28 ⓣ11時30分～14時30分LO、17時30分～20時LO ⓗ月曜（祝日の場合は翌日） Ⓟなし ⓧJR鎌倉駅から徒歩5分 MAP P125C2

❶上品で落ち着いた店内 ❷小町通りの喧騒から離れた細い路地にたたずむ

**人気みやげ店の
和カフェも
おすすめです**

鎌倉駅周辺には和のカフェも充実しています。鳩サブレーでおなじみの豊島屋が手掛ける「豊島屋菓寮 八十小路（こうじ）」は、洗練された雰囲気のカフェ。あん蜜800円などが好評。
☎0467-24-0810 **MAP**P125D2

✛ これも人気
ミニパフェ
1070円

**✛
ホットケーキ
1000円**
厚さがおよそ3cmもあるイワタコーヒー店の名物メニュー。注文は17時まで

小町通り
いわたこーひーてん
イワタコーヒー店

古きよき喫茶店でティータイム

小町通りを入ってすぐにあるレトロなムードたっぷりの喫茶店。昭和20年（1945）の創業以来オリジナルブレンドコーヒーにこだわり続けている。焼き上がるまでに約30分はかかる手焼きのホットケーキが名物。人気のミニパフェはモカ、抹茶、季節のミニパフェなど4〜5種類。
☎0467-22-2689 **住**鎌倉市小町1-5-7 **⏰**9時30分〜17時30分LO **休**火曜・第2火曜 **P**なし **⎈**JR鎌倉駅から徒歩1分 **MAP**P125C3

1中庭を見渡せる席が気持ちいい **2**壁にはアートな作品が掛かる

✛ これも人気
レモンパフェ
980円

**✛
自家製プリンセット
1030円**
しっかり食感のプリンはビターで大人の味。コーヒーか紅茶が付く

小町通り
みるくほーる
ミルクホール

大人のための隠れ家空間

静かな路地の一角にある喫茶店は、大正時代のモダンな雰囲気に包まれ落ち着いた空間。オーナーこだわりのジャズが流れる店内では、おすすめのスイーツやランチを味わおう。ランチのおすすめはオムライスセット1330円。夕方以降はバーメニューも充実している。
☎0467-22-1179 **住**鎌倉市小町2-3-8 **⏰**11〜18時LO（土・日曜、祝日は〜18時30分LO）**休**無休 **P**なし **⎈**JR鎌倉駅から徒歩5分 **MAP**P125C2

1シックな調度品が並ぶ落ち着いた店内 **2**2階のギャラリーものぞいてみよう

鎌倉名物でもあるイワタコーヒーのホットケーキは、とってもボリューミー。食べる前に撮影しておきませんか。

旬の食材をふんだんに使った
お値うち和ランチの店

どのお店に行こうかしら

鎌倉駅から徒歩10分圏内に落ち着いた雰囲気の食事処が点在。
地元の食材をふんだんに使って作るヘルシーランチに出かけましょう。

【雪ノ下】

そうさくわりょうり こんどう
創作和料理「近藤」

料亭の味を気軽な昼膳で堪能

鎌倉野菜をはじめ京野菜、地元の魚介を使用し、近藤元人料理長が腕を振る創作和食は絶品。おすすめは和食の基本である一汁三菜で提供するランチ限定のメニュー。「鎌倉」はメインの主菜を鎌倉野菜の天ぷらなど7品から、「雪ノ下」は味噌漬けローストビーフなど4品から選べ、また粟麩のサラダをはじめ7品ある副菜を1品330円で追加できる。食材のうま味を巧みに引き出した料理はいずれも繊細に盛られ美しさも評判。

☎0467-25-0301 🏠鎌倉市雪ノ下1-8-36 津多屋ビル1F-3号 🕐11〜15時、17時30分〜21時 🈳水曜、第2木曜 🅿なし 🚉JR鎌倉駅から徒歩10分 🗺P125D1

お昼膳 鎌倉1760円。写真の主菜は鎌倉野菜と厚揚げのあんかけ

テーブル席のほかにカウンターも

《これもオススメ》
お昼膳 雪ノ下　　　　　　　2310円
特製湯葉茶漬け　　　　　　2200円
釜揚げしらす丼（数量限定）　1100円

気軽に料亭風のランチを味わってください

ランチがおすすめ

店主／近藤元人さん

昆布締めの鯛をごまだれ茶漬けで3通り味わえる特製鯛茶漬け2200円

《これもオススメ》
昼のコース　　　　4600円〜
夕食コース　　　　9300円〜
※どちらも要予約

【扇ガ谷】

かまくらふくみ
鎌倉ふくみ

割烹が提供する胡麻だれ茶漬け

古都鎌倉の季節を料理で表現して提供する和食割烹店。基本はコースでの提供だが、ランチに気軽に食べられる新鮮な特製マグロ胡麻だれ茶漬けが話題。丼と玄米茶の茶漬け、2度おいしいメニューだ。

☎0467-39-5567 🏠鎌倉市扇ガ谷1-1-29 🕐11時30分〜12時LO、17時30分〜19時LO 🈳月曜（祝日の場合は翌日）🅿なし 🚉JR鎌倉駅西口から徒歩3分 🗺P125C3

茶漬け用のご飯は、新潟産のコシヒカリを羽釜で炊いている

カウンターとテーブル席がある

鎌倉野菜も
駅チカで手に入る

「鎌倉市農協連即売所」、通称レンバイは鎌倉のファーマーズマーケット。朝から活気にあふれ、紫ニンジン、コールラビ、チリメンキャベツなど珍しい季節の鎌倉野菜がずらり。(→P115)
☎非公開 **MAP**P123C3

鎌倉市農協連即売所

小町通り
かまくら あきもと
鎌倉 秋本

鎌倉野菜を使った丼が美味

相模湾で水揚げされた地魚やシラス、地元野菜など、鮮度にこだわった定食を提供。ランチは鎌倉野菜の天ぷらとシラス丼のセット・鎌倉づくし2860円や、4〜12月で入荷した日限定の生しらす丼が人気。
☎0467-25-3705 住鎌倉市小町1-6-15 アイザ鎌倉3階 ⏰11〜15時LO、17時〜19時30分LO 休木曜 Pなし 交JR鎌倉駅から徒歩1分
MAPP125C3

もう一品

《これもオススメ》
釜揚げしらす丼	1760円
天丼	1980円

日替わりの食材を使った鎌倉やさい天丼1760円

大葉やネギをトッピングした生しらす丼1760円　テーブルと座敷を備えた店内

もう一品

《これもオススメ》
もりそば	870円
豆かん	600円
ところ天	600円

ユズやシソが香るこ寿々そば1180円

もっちりとした食感の絶品わらび餅600円

落ち着いた和風の店内

若宮大路
だんかづら こすず
段葛こ寿々

そばとわらび餅の名店

コシがありのど越しのいい江戸前そばは、店内で手打ちした自家製麺。もりそばやざるそばのほか、冬季には温かいそばメニューも登場する。食後は店自慢のわらび餅もぜひ味わいたい。
☎0467-25-6210 住鎌倉市小町2-13-4 ⏰11時30分〜17時30分LO(土・日曜、祝日は〜18時30分) 休月曜、第1・3火曜(祝日の場合は翌日) Pなし 交JR鎌倉駅から徒歩6分 **MAP**P125D2

小町通り
かまくらかまめし かまかまほんてん
鎌倉釜飯 かまかま本店

ひと釜で3度 おいしい釜飯専門店

ご当地、由比ガ浜のシラスや北海道産のイクラ、相模湾産の桜エビからウナギまで、30種以上のメニューが揃う。釜飯は、最初はそのまま、2度目は薬味で、最後は魚介だしをかけて味わって。
☎0467-25-3590 住鎌倉市小町2-11-8 ⏰11〜16時LO(土・日曜、祝日は〜19時LO) 休不定休 Pなし 交JR鎌倉駅から徒歩4分
MAPP125D2

もう一品

《これもオススメ》
炙りサーモンしらす釜めし	1650円
鎌倉ハムしらす釜めし	1430円
いくら桜エビ釜めし	2200円

釜揚げしらすの三色釜飯2200円

カニあさり釜飯1980円

店内17席のほかテラス席もある

📖 「鎌倉市農協連即売所」には野菜だけでなくシフォンケーキショップやスモークチーズ専門店、焼き鳥店なども入ってます。

レトロモダンな逸品が揃う
鎌倉ブランドはおすすめです

「鎌倉」を冠したブランドはクオリティーが高く、とてもハイセンス。
地元を拠点に手作りグッズを制作、販売する店も多い。

はっこどう
博古堂

伝統の技が刻まれた鎌倉彫の数々

鶴岡八幡宮（→P32）すぐにある、代々仏師を家業
としてきた鎌倉で最も古い鎌倉彫の老舗。最上級の
材料と卓越した腕で作り上げた盆や皿、小物などは、
伝統的な文様とモダンを巧みに融合させたデザイン。

☎0467-22-2429 住鎌倉市雪ノ下2-1-28 営9時30分〜
18時（11〜2月は〜17時30分）休無休 P1台 交JR鎌倉駅か
ら徒歩10分 MAPP125D1

A明るくゆったりとした空間に作品が整然と並ぶ Bデザインと彫の
美しさが際立つ「手彫小筥屈輪唐草（てぐりこぱこぐりからくさ）」28万
円 C長年愛用できそうなデザインの「小鏡 柘榴」1万3500円 Dて
のひらサイズの「小鏡 月」1万6500円

かまくらぼり けい
鎌倉彫 慶

鎌倉彫各工房の作品が一堂に

鎌倉彫会館CAFE&SHOP倶利（→P35）内にあ
り、鎌倉彫協同組合に所属する各工房の作品を販
売。それぞれの作家の個性が表れたバリエーショ
ン豊かな品揃えが特徴。注文製作や漆器の修理相
談にも応じてくれる。☎0467-33-5751 住鎌倉市小町
2-15-13鎌倉彫会館1階 営9時30分〜17時 休無休 Pなし
交JR鎌倉駅から徒歩5分 MAPP125D2

E盆や皿、器など日常生活で使える品が並ぶ F子孫繁栄の象徴と
して知られるブドウが描かれた木内工房の「平皿6すぶどう」1万
1000円 Gモダンなデザインの白日堂の「刀痕角皿」1万7600円

しらほかまくら
白帆鎌倉
メイドイン鎌倉のスタイリッシュなバッグ

天然素材の帆布と革を使用し、2階の工房で職人が丁寧に縫製するバッグや小物類がずらりと並ぶ。素材や太さ、バックルの種類、縫い糸まで好みのものを選び、その場で作れるセミオーダーベルトもおすすめ。

☎0467-23-8982 🏠鎌倉市小町2-8-4 🕘9時30分～18時 🈺不定休 🅿なし 🚃鎌倉駅から徒歩5分 MAP P125C2

❶セミオーダーベルト5000円台～は所要約10分で完成。缶ケース付き ❷店頭にある灯台のオブジェが目印 ❸丈夫でやわらかなフォルムの帆布バッグ、Uトート1万3550円は6色展開 ❹栃木レザーを使用したバッグ1万5180円は色違いで

めーかーずしゃつかまくら
メーカーズシャツ鎌倉
上質で確かな日本製シャツを手頃な価格で

世代を問わず長く着られ、さまざまなコーディネートに活用できるドレスシャツとカジュアルシャツが揃う。選び抜かれた上質な生地と、丁寧な縫製は日本製ならでは。毎週新作デザインが店頭に並ぶのも楽しみだ。☎0467-23-9522 🏠鎌倉市雪ノ下3-1-31 🕘11～18時（土・日曜、祝日は10時～）🈺無休 🅿4台 🚃JR鎌倉駅から徒歩10分 MAP P125D1

❺カフェが併設されている本店は、ガラス張りで明るい雰囲気 ❻メンズシャツ7590円～にネクタイ6490円～をコーディネート ❼女性を美しくみせてくれる白シャツ6490円～

鎌倉彫をより深く

鎌倉時代の仏師が考案した木彫漆塗りの伝統工芸。「鎌倉彫資料館」では室町時代（写真）から現代までの名作と資料を約50点展示しています。
☎0467-25-1502 MAP P125D2

ことり
コトリ
懐かしさを感じる文房具や雑貨が人気

各分野で活躍する3名の文房具好きが集まり運営する雑貨店。鎌倉にちなんだ大仏や鳩をデザインしたオリジナルグッズは、新作が次々登場。売り切れのこともあるので、気に入ったら即買いが鉄則。

☎0467-40-4913 🏠鎌倉市大町2-1-11 🕘11～18時 🈺月曜不定休 🅿なし 🚃JR鎌倉駅から徒歩7分 MAP P124B1

❽コトリをモチーフにした63円と84円のオリジナル切手セットは330円。ほかにもさまざまな柄を用意 ❾レトロなパッケージに入ったコトリ飴495円は夏期以外の時期に販売している

かまくらはちざ
鎌倉八座
地元作家の雑貨や県内の名産品が集結

神奈川県内で作られた工芸品や食品をはじめ、鎌倉ゆかりのみやげが揃う。なかでも注目は鎌倉彫の伝統工芸士・遠藤英明氏作のハト豆皿。生漆（茶）と白漆（白茶）仕上げの2種類があり、対で買えば末広がりの八に。

☎0467-84-7766 🏠鎌倉市小町1-7-3 🕘9時30分～18時30分 🈺無休 🅿なし 🚃JR鎌倉駅から徒歩3分 MAP P125C3

❿ひとつずつ手彫りされたハト豆皿1枚4400円は両方揃えたい ⓫鳩しるべ1個550円。陶製の鳩の中に入ったお告げの札も愉しみ

鎌倉駅西口周辺の こだわりのグルメ&ショップ

賑やかな東口とは違い比較的のんびり歩けるのが鎌倉駅西口エリア。グルメ、みやげともに駅チカでありながら隠れ家的な名店があります。

1 KIBIYAベーカリー
きびやべーかりー

▲店内は香ばしいパンの香りが漂う

噛みごたえある 自家製天然酵母パン

自家製天然酵母、無農薬国産小麦、石臼挽き全粒粉やライ麦粉など原材料にこだわったパンが揃っている。かみしめるほどに天然酵母のかすかな酸味を味わえる。☎0467-22-1862 🏠鎌倉市御成町5-34 🕐10〜18時 🈺水曜 Ｐなし 🚉JR鎌倉駅から徒歩5分 MAP P124B1

由比ガ浜大通りへ

▶大ぶりのレーズンパン 250円

◀無農薬アンズの杏食パンは1/2斤 380円

▶アラームクロック丸2970円、四角1760円

2 HMT
えいちえむてぃー

シンプルな生活雑貨を セレクトショップで

アーリーアメリカンな雰囲気の店内では、アンティーク調の「大人のための生活雑貨」を揃える。食器やキッチン用品、グリーン、金属パーツなど、ナチュラルテイストのアイテムがずらり。自分用のみやげ探しにも。☎0467-39-6658 🏠鎌倉市御成町5-35-104 🕐11〜18時 🈺不定休 Ｐなし 🚉JR鎌倉駅西口から徒歩4分 MAP P124B1

オーナーのセンスの光る品が揃う店内

3 新倉さんちの手づくりジャム 鎌倉店
にいくらさんちのてづくりじゃむ かまくらてん

肉料理やサラダにも合う逸品

三浦半島秋谷発、地元の農家から直接仕入れたフルーツや野菜を使い、無添加で手作りされたジャムが評判。ブロッコリーやルバーブなど珍しいジャムもあり料理との相性も抜群。☎0467-38-4673 🏠鎌倉市御成町2-10 🕐11〜17時（季節により変動あり）🈺水曜（祝日の場合は営業）Ｐなし 🚉JR鎌倉駅から徒歩3分 MAP P124B1

▲食材の味を生かしたジャムを

◀三浦大根ジャム 648円（右）、湘南ゴールドマーマレード864円（左）各150g

市役所前

ホテルニューカマクラ

御成通り

4 パティスリー チモト+輪心
ぱてぃすりーちもと ぷらすわこ

▼カフェスペースもある

上品な手作り シフォンケーキが人気

丁寧な手作りで長年地元で愛される洋菓子店。いちおしの湘南シフォンは10種ほどあり、各350円（税別）。やさしい甘さと口どけが絶品だ。店内では輪心（→P76）の輪心バウムも販売。☎0467-22-9082 🏠鎌倉市御成町2-15 🕐11時〜18時30分（火曜は13時〜）🈺不定休 Ｐなし 🚉JR鎌倉駅から徒歩2分 MAP P124B1

▶手前から塩キャラメル、抹茶、チョコレートの湘南シフォン

鎌倉駅西口

▶パリ左岸のスフレ3000円。甘酸っぱい大人の味

5 Régalez-Vous
れがれう゛

メディアでも話題！ 本格派アシェットデセールを堪能

本格的なフランス菓子を提供するカフェ&ショップ。シェフは、パリ最古のレストラン「Lapérouse」でシェフパティシエを務めた佐藤亮太郎氏。生菓子のほか、焼き菓子やパン、サンドイッチなども。☎0467-81-3719 🏠鎌倉市御成町10-4 🕐8時30分〜18時（カフェは〜17時30分LO）🈺不定休 Ｐなし 🚉JR鎌倉駅から徒歩1分 MAP P124B1

▲洗練された店内

▲イタリアのフィオレンティーナ製木軸万年筆4400円

6
つづる
TUZURU
普段使いにぴったりな万年筆

高級からカジュアルまで数カ国の万年筆を中心に、レターセットやポストカード、文具雑貨などが揃っている。木軸の万年筆やボールペンは、使うほどに木軸に風格が出てくる。

☎0467-24-6569 **住**鎌倉市御成町13-41 **時**11〜18時 **休**水曜 **P**なし **交**JR鎌倉駅から徒歩2分
MAP P125C3

◀大仏や流鏑馬など鎌倉を題材にしたアイテムも扱う

▼オリジナルポストカード1枚165円

7
さはん
sahan
駅のホームを眺めるご飯カフェ

▶季節の食材を使ったおかず3品と味噌汁が付くご飯定食1540円の一例

「日常の普通のご飯」をテーマに、だしから手作りする定食を提供。季節の食材を使った一汁三菜の定食は、隔週でご飯定食とパン定食が変わる。

☎0467-24-6182 **住**鎌倉市御成町13-38荻原ビル2F **時**11時30分〜19時15分LO **休**水・木曜 **P**なし **交**JR鎌倉駅から徒歩2分
MAP P125C3

▲パン定食1540円はオムレツなどパンに合うおかずが3品とスープ付き

◀窓外に鎌倉駅のホームを眺めるリノベーションカフェ

▲店名はスウェーデン語で「雲」という意味

英勝寺へ

8

◀4種の味が入るプティ・フール・サレ2160円

れ・ざんじゅ かまくらほんてん
レ・ザンジュ 鎌倉本店
洋菓子を日本人のテイストにアレンジ

鎌倉の姉妹都市・南仏ニースの別荘をイメージした店構えが目を引くカフェ併設の洋菓子店。ヨーロッパ伝統の菓子を日本人の味覚向きにアレンジし、地元の人々に愛され続けている。中庭を臨む優雅なカフェで、フランス産の栗を使ったモンブラン702円なども味わうのもいい。

☎0467-23-3636 **住**鎌倉市御成町13-35 **時**10〜18時（喫茶は11時〜16時30分LO）**休**無休 **P**なし **交**JR鎌倉駅から徒歩5分 **MAP** P125C3

▲散策途中に立ち寄りたい

9
もるん
moln
欧州のアイテムをセレクト

ヨーロッパのアイテムを中心に店主がセレクトするアイテムは、どれも温かみのあるナチュラルなテイスト。国内の選りすぐりの作家の作品をはじめ、月替わりの展示会も実施。売り切りの商品もあるので即買いが鉄則。

☎0467-38-6336 **住**鎌倉市御成町13-32 2階 **時**12〜18時 **休**月・火曜 **P**なし **交**JR鎌倉駅西口から徒歩3分
MAP P125C3

▲猫の張子を多く展開するカマクラ張子の雲（うん）を読むミル坊＆ココ坊3520円（左）、キュートなふくろうの張子880円（右）

鎌倉駅西口から扇ガ谷・源氏山へ
金運と立身出世のご利益さんぽ

鎌倉駅西口から源氏山までは自然豊かな散策路が続きます。
お寺めぐりのあとは銭洗弁財天で金運アップを祈願しましょ。

スタート

えいしょうじ
英勝寺

季節の花が彩る尼寺で
歴史ある建造物を観賞

現在鎌倉に存在する唯一の尼寺。徳川家康の側室であるお勝の方が、太田道灌屋敷跡に建立。仏殿、山門、石塔などの建造物、仏像彫刻、絵画や書籍など300点もの宝物類がある。仏殿や鐘楼は、国の重要文化財。春はウズズミザクラが咲き、秋はヒガンバナに包まれる花の寺としても有名。

☎0467-22-3534 🏠鎌倉市扇ガ谷1-16-3 💴拝観300円 🕐9～16時 🈳木曜 Pなし 🚉JR鎌倉駅から徒歩15分 MAP P122B3

徒歩20分

❶本堂裏手の竹林には遊歩道が整備されている ❷重要文化財の山門には後水尾天皇宸筆の扁額が掛かる ❸鎌倉では唯一、袴腰付楼閣形式の鐘楼 ❹仏殿の小窓から本尊阿弥陀三尊像が拝せる

けわいざか
仮粧坂

足もとに注意して！

国の史跡にも指定される
緑豊かな鎌倉古道

かつての鎌倉への陸路の入口、七口（→P53）の一つ。元弘3年（1333）、新田義貞の鎌倉攻めではこの一帯が激戦地となった。岩肌があらわになった険しい坂道に、戦乱の時代を偲ぶことができる。急勾配を10分ほど上り切れば源氏山公園だ。

☎0467-61-3884（鎌倉市観光課）🏠鎌倉市扇ガ谷 💴⏱見学自由 Pなし 🚉JR鎌倉駅から徒歩20分 MAP P122B2

❶かつて藤沢から武蔵国へ通じる要路だった ❷葛原ヶ岡・大仏ハイキングコースの休憩ポイントでもある源氏山公園からは鎌倉市街を取り巻く山並みが一望できる ❸源頼朝像が立つ源氏山公園は桜や紅葉の名所として知られる

徒歩5分

©鎌倉市観光協会

極上のくずきりはいかがが？

昭和46年（1971）創業の「くずきり みのわ」では、本場吉野産の本葛粉を使った極上のくずきり1000円が味わえる。季節の花が彩る庭を眺めて、自家製黒蜜とともにツルッとした喉ごしを楽しんで。
☎0467-22-0341 MAP P122B3

さすけいなりじんじゃ
佐助稲荷神社

立身出世にご利益が

緑の木々と朱塗りの鳥居の鮮やかなコントラスト

長い参道には朱塗りの鳥居が幾重にも立ち並ぶ。幼少の頃「佐殿」とよばれていた源頼朝が伊豆の蛭ガ小島に流されていた頃、稲荷神が夢枕にたち挙兵をすすめ平家討伐を果たした。頼朝を快挙に導いた稲荷神を祀ることから、立身出世にご利益ありとされる。境内には苔むした岩やキツネの石像が見られ、まさに隠れ里といった雰囲気。

☎0467-22-4711 住鎌倉市佐助2-22-12 営Y休境内自由 Pなし 交JR鎌倉駅から徒歩20分 MAP P122A3

▲参道を上がってすぐの場所にある拝殿。仕事運アップをお願い

◀陶器の白狐を祀る苔むした祠が立ち並ぶ

▲参道に朱塗りの奉納鳥居と幡が並ぶ立身出世の神がいる神社

徒歩12分

さぼうきらら
茶房雲母

ひと休み

作りたての白玉はもっちりつるんとした口あたり

閑静な住宅街の一角にある甘味処で、テーブル席のほかテラス席もある。名物の宇治白玉クリームあんみつ900円は、注文後に茹で上げる大きいサイズの白玉が特徴。もっちりとして食べごたえがあり、こし餡の甘みと、豆のほのかな塩味が絶妙なバランス。

☎0467-24-9741 住鎌倉市御成町16-7 営11時〜夕方ごろ（土・日曜、祝日は10時30分〜）、混雑時は人数制限あり 休木曜、ほか臨時休業あり Pなし 交JR鎌倉駅から徒歩10分 MAP P122B3

〈地図〉
北鎌倉へ
海蔵寺
葛原岡神社
日野俊基の墓
仮粧坂
頼朝公銅像
源氏山
英勝寺
源氏山公園
銭洗弁財天宇賀福神社
国清寺跡
茶房雲母
佐助稲荷神社
佐助トンネル
くずきりみのわ
JR横須賀線
鎌倉駅
市役所前
N 200m

徒歩7分

ぜにあらいべんざいてん うがふくじんじゃ
銭洗弁財天 宇賀福神社

金運UPを願おう！

霊泉でお金を洗い心も清めてご利益祈願

銭洗弁天の名で知られる神社。文治元年（1185）に源頼朝の夢枕に立った水の神・宇賀福神のお告げに従ってこの地にご神体を祀ったのが始まり。線香とざるを200円で借りたら、湧き出ている清水で金を洗い清め、心身を清め、行いを慎めば福が得られるといわれている。

☎0467-25-1081 住鎌倉市佐助2-25-16 営拝観無料 営8時〜16時30分 休無料 P10台 交JR鎌倉駅から徒歩25分 MAP P122B3

❶芸能の神・市杵島姫命を祀る本社。左手奥岩窟内に銭洗弁天を祀る奥宮がある ❷洗い清めた金は拭いて財布に戻し、堅実に使いたい ❸鎌倉五名水（→P53）の一つ銭洗水が湧く奥宮で金運祈願

 ちょっと寄り道！開運と学問の神様を祀る「葛原岡神社」は、桜と紅葉の名所として知られています。☎0467-45-9002 MAP P122A2

花だよりに合わせて訪れたい
扇ガ谷にたたずむ花の寺

源氏山の伏流水に恵まれ水にまつわる名所が残る扇ガ谷。
豊かな水に育まれた花々が2つの名刹の四季を彩ります。

ここに注目!
本尊の阿弥陀三尊像は鎌倉彫刻特有の土紋装飾が施された国の重要文化財

9月中旬には客殿をミヤギノハギが彩る

ここに注目!
本堂の雲流・山水図や牡丹唐獅子図、雲流彫の欄間は要チェック

秋になれば紅白のハギの花で彩られる

じょうこうみょうじ
浄光明寺

ゆっくり拝観 20分

土紋装飾で名高い阿弥陀三尊像は必見

建長3年（1251）に6代執権北条長時が創建した真言宗の寺。収蔵庫には宗朝様式の影響が見られる阿弥陀三尊像、鎌倉二十四地蔵のひとつ、矢拾地蔵菩薩などの名仏を安置。阿弥陀堂背後の山中には冷泉為相の墓と伝わる宝篋印塔が立つ。ハギや梅の名所であり、鐘楼脇にひっそりと咲くアジサイの風情もいい。収蔵庫の公開日や花の見頃に訪れたい。

☎0467-22-1359 **住**鎌倉市扇ガ谷2-12-1 **¥**拝観志納（阿弥陀堂は拝観200円）**時**9〜16時（収蔵庫は10〜12時、13〜16時）**休**無休（収蔵庫は月〜水曜、金曜、雨天・多湿時、8月休み）**P**なし **交**JR鎌倉駅から徒歩18分 **MAP**P122B2

1 不動堂前に咲くウメ **2** 梅雨時には不動堂への参道両脇にガクアジサイやカシワバアジサイが咲き誇る

かいぞうじ
海蔵寺

ゆっくり拝観 20分

名水の風趣もゆかしい花の寺

応永元年（1394）足利氏満の命により、上杉氏定が源翁禅師を迎えて開山。門前に鎌倉十井のひとつ底脱ノ井（→P53）、境内には十六ノ井と呼ばれる16穴の井戸があり、金剛功徳水の名を持つ湧水を湛える。鎌倉有数の花の寺でもあり、4月上旬からカイドウ、6月中旬からハナショウブ、7月上旬からノウゼンカズラと咲き継いでいく。

☎0467-22-3175 **住**鎌倉市扇ガ谷4-18-8 **¥**拝観志納（十六ノ井は拝観100円）**時**9時30分〜16時 **休**無休 **P**20台 **交**JR鎌倉駅から徒歩20分 **MAP**P122B2

1 手入れの行き届いた境内には6月にハナショウブが開花 **2** 直径70cmほどの16穴の井戸が湧く十六ノ井

鎌倉駅周辺のおすすめスポット

かまくらぶんかかん つるがおかみゅーじあむ
鎌倉文華館 鶴岡ミュージアム

貴重な重要文化財が見られる展覧会も

鶴岡八幡宮と鎌倉の歴史や文化、自然をテーマに展示。建物は20世紀の代表的建築家ル・コルビュジエに学んだ坂倉準三の設計。隣接のカフェ（10時〜16時30分LO）には倒伏した大銀杏の一部も展示されている。**DATA** ☎0467-55-9030 住鎌倉市雪ノ下2-1-53 ¥入館300円 ※展示により異なる ◯10時〜16時30分（最終入館は16時）休月曜、展示替期間 Pなし 交JR鎌倉駅から徒歩10分 **MAP** P123C2

かまくらしかぶらききよかたきねんびじゅつかん
鎌倉市鏑木清方記念美術館

清らかな美人画に心奪われる

明治から昭和にかけて活躍した日本画家・鏑木清方の作品・資料を展示。旧居跡に立つ和風建築で、館内には生前の画室も再現している。年8回の展覧会を開催。**DATA** ☎0467-23-6405 住鎌倉市雪ノ下1-5-25 ¥入館300円（特別展が450円）◯9〜17時（最終入館は16時30分）休月曜（祝日の場合は翌平日、展示替えによる休館あり）Pなし 交JR鎌倉から徒歩7分 **MAP** P125C1

かまくらしかわきたえいがきねんかん
鎌倉市川喜多映画記念館

世界の映画と出合える風情豊かな館

映画文化の発展に貢献した川喜多長政・かしこ夫妻の旧宅跡に開館した記念館。平屋建て和風建築の建物は周囲の自然と調和し、庭園の草花も美しい。年4回の企画展のほか、関連上映やトークイベントも実施。**DATA** ☎0467-23-2500 住鎌倉市雪ノ下2-2-12 ¥入館200円（特別展が400円）◯9〜17時（最終入館は16時30分）休月曜（祝日の場合は翌平日）Pなし 交JR鎌倉駅から徒歩8分 **MAP** P125C1

うめたいけんせんもんてん『ちょうや』かまくらてん
梅体験専門店『蝶矢』鎌倉店

梅酒&梅シロップを手作り！

「チョーヤの梅酒」で有名な蝶矢の梅酒とシロップを手作り体験できる専門店。収穫後、急速冷凍された梅を使用し、梅酒は1カ月、梅シロップは1週間待てば飲むことができる。体験は梅酒・梅シロップどちらも約50分。みやげ用のレア梅酒などの販売もある。**DATA** ☎非公開 住鎌倉市御成町11-7 ¥梅酒作り体験1775円〜、梅シロップ作り体験1500円〜 ◯10〜18時 休無休 Pなし 交JR鎌倉駅西口から徒歩1分 **MAP** P125C3

こがてい
古我邸

鎌倉三大洋館の一つで絶品フレンチを

大正5年（1916）築の瀟洒な洋館で堪能する、鎌倉野菜や地魚を使ったランチコース7000円〜が評判の店。コースで提供されるレストランデザート1800円や北欧紅茶650円などでカフェ利用もできる。テラス席もある。**DATA** ☎0467-22-2011 住鎌倉市扇ガ谷1-7-23 ◯11時〜13時30分最終入店、17時30分〜19時最終入店（カフェは11時〜日没）休火曜、第1・3水曜 Pなし 交JR鎌倉駅から徒歩5分 **MAP** P122B3

あまどころあかね
甘処あかね

厳選食材を使った名物パフェ

小町通りから1本入った場所にある和カフェ。北海道産の大納言と三温糖を使用したやさしい味わいの煮小豆と、新潟県産のもち米を使ったもちもち食感の白玉が入るパフェ、あかねパーフェクト（ほうじ茶付き）1200円（写真）が評判。カウンター席なので一人でも入りやすい。**DATA** ☎0467-23-0667 住鎌倉市小町2-10-10 ◯12時〜16時30分 休木曜（祝日の場合は前日または翌日）Pなし 交JR鎌倉駅東口から徒歩4分 **MAP** P125D2

かふぇ ゔぃうぃもん でぃもんしゅ
café vivement dimanche

マスター焙煎のこだわりコーヒー店

店主が厳選したコーヒー豆を焙煎したコーヒーは、焙煎度合いで選べる20種類以上が選べる。コーヒーによく合うバターとメープルシロップでいただくゴーフル・プレーン650円などのスイーツも美味。オリジナルのコーヒーカップやコーヒーミルなどの雑貨も販売するほか、オリジナルデザインのコーヒー缶660円なども人気。**DATA** ☎0467-23-9952 住鎌倉市小町2-1-5 ◯11〜18時 休水・木曜 Pなし 交JR鎌倉駅から徒歩5分 **MAP** P125C3

こうじすたいる
麹Style

麹の力で体の内面から元気に

無農薬の白米や玄米、麦などに麹菌をつけて独自の製法で製麹した自家製麹を使用したメニューを提供。食事メニューはもちろん、乳製品不使用の黒玄米甘酒のレアチーズケーキ、黒麦甘酒ガトーショコラ各770円（写真）、季節限定スイーツも。自家製麹の調味料も販売。**DATA** ☎0467-95-8846 住鎌倉市佐助1-13-1 ◯11時〜15時30分（土・日曜、祝日は〜16時）休不定休 Pなし 交鎌倉駅西口から徒歩8分 **MAP** P124A1

はんなりいなり
はんなりいなり

存在感のあるいなり寿司

国産大豆の油揚げを使ったロール型のいなり寿司が名物。定番人気のはんなりいなり（中）980円は梅入りや2色巻きなど各種あり、前どれのシラスがたっぷり入った湘南しらすいなり1330円（写真）もおすすめ。箱入りなので散策途中の小腹を満たすのにも絶妙。**DATA** ☎0467-23-7399 住鎌倉市小町2-8-6 1階A ◯10〜19時 休無休 Pなし 交JR鎌倉駅から徒歩6分 **MAP** P125C2

これしよう！

隠れ家カフェで
糀スイーツに舌鼓

糀カフェsawvi（→P56）
では体が喜ぶスイーツを。
わざわざ行く価値大。

これしよう！

幻想的な竹林に
包まれ抹茶タイム

報国寺にある茶席「休耕
庵」（→P51）では目の前
に広がる竹林にうっとり。

これしよう！

ふくいくと香る梅の花の
名所、荏柄天神社

学問の神として知られる菅
原道真が祭神の古社では、
梅が咲き誇る。（→P55）

閑静な山あいに点在する古刹へ

金沢街道
かなざわかいどう

食材にこだわるカ
フェやレストランも
点在している

こんなところ

かつて「塩の道」として利用された金沢街
道周辺には、鎌倉最古の寺といわれる杉本
寺、竹の庭で知られる報国寺、鎌倉五山の
第五位・浄妙寺などが点在。さらに山あい
の二階堂エリアには、禅宗庭園と花に囲ま
れた瑞泉寺などがある。鎌倉駅周辺の賑や
かさとは対照的に、静寂に包まれている。

access

●鎌倉駅から
鎌倉駅からバス停浄明寺へ
は京急バス金沢八景行きな
どで約8分

問合せ
☎0467-23-3050
鎌倉市観光協会
☎0467-61-3884
鎌倉市観光課
広域MAP P121C～D2

～金沢街道おさんぽマップ～

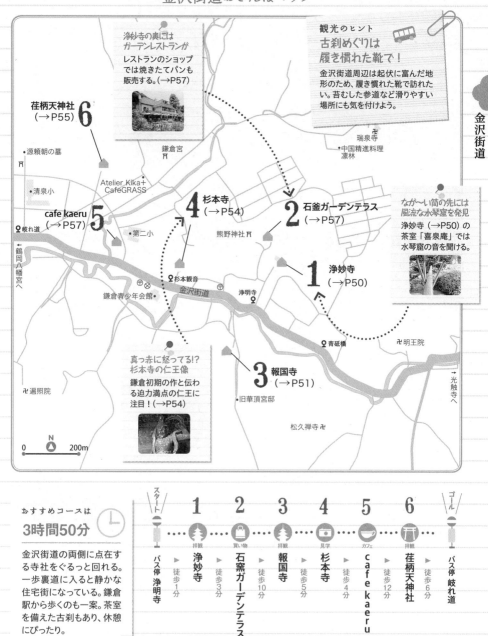

浄妙寺の奥には
ガーデンレストランが
レストランのショップ
では焼きたてパンも
販売する。(→P57)

観光のヒント
古刹めぐりは
履き慣れた靴で！

金沢街道周辺は起伏に富んだ地形のため、履き慣れた靴で訪れたい。苔むした参道など滑りやすい場所にも気を付けよう。

荏柄天神社
(→P55) 6

・源頼朝の墓

・清泉小

Atelier Kika +
CafeGRASS

鎌倉宮

瑞泉寺
・中国精進料理
凛林

な～い筒の先には
風流な水琴窟を発見
浄妙寺 (→P50) の
茶室「喜泉庵」では
水琴窟の音を聞ける。

cafe kaeru
(→P57) 5

・岐れ道

鶴岡八幡宮へ

・第二小

4 杉本寺
(→P54)

熊野神社

2 石窯ガーデンテラス
(→P57)

金沢街道

・杉本観音

浄明寺

1 浄妙寺
(→P50)

鎌倉青少年会館

・青砥橋

卍明王院

真っ赤に怒ってる!?
杉本寺の仁王像

鎌倉初期の作と伝わる迫力満点の仁王に注目！(→P54)

卍遍照院

3 報国寺
(→P51)

・旧華頂宮邸

松久禅寺卍

光触寺へ

0 ━━━ 200m
N

金沢街道

49

おすすめコースは

3時間50分

金沢街道の両側に点在する寺社をぐるっと回れる。一歩裏道に入ると静かな住宅街になっている。鎌倉駅から歩くのも一案。茶室を備えた古刹もあり、休憩にぴったり。

スタート		1		2		3		4		5		6		ゴール
バス停 浄明寺	▶	拝観 浄妙寺	▶	買い物 石窯ガーデンテラス	▶	拝観 報国寺	▶	見学 杉本寺	▶	カフェ cafe kaeru	▶	拝観 荏柄天神社	▶	バス停 岐れ道
			徒歩1分		徒歩3分		徒歩10分		徒歩5分		徒歩4分		徒歩12分		徒歩6分

足利氏代々が眠る浄妙寺は
鎌倉五山第五位の格式ある古刹

かつては23もの塔頭を有した巨刹。
銅葺きの大屋根の本堂や枯山水庭園がそのころの風格を漂わせています。

ゆっくり
拝観
30分

ほんどう
本堂
銅葺き屋根が印象的

宝暦6年（1756）に再建された。寄棟造銅葺きで、シンメトリーの建物内部には、南北朝時代作の木造釈迦如来坐像が安置されている。

▶秋には門の左のカエデが色づき風情を添える

じょうみょうじ
浄妙寺

**格式ある古刹の
茶室や庭園で心が和む**

鎌倉五山第五位の寺で、かつて法堂や禅堂など23もの塔頭を有する大寺院だったが、度重なる火災のため多くの伽藍は失われた。寺全域が史跡に指定されていて、本堂の裏手には室町幕府初代足利尊氏の父、貞氏の墓と伝わる宝篋印塔がある。心落ち着く茶室も必訪。
☎0467-22-2818 🏠鎌倉市浄明寺3-8-31 💴拝観100円 🕐9時〜16時30分（喜泉庵は10時〜）🈳無休 🅿20台（1時間500円）🚏バス停浄明寺から徒歩1分 **MAP**P123D2

◀喜泉庵の傍らにあるつくばい。一滴ずつ水が落ちる

石窯ガーデン
テラス
イングリッシュ
ガーデン

足利貞氏の墓

本堂

喜泉庵

山門

さんもん
山門
歴史を感じさせるたたずまい

数段の階段を上ったところにある山門。右手には「稲荷山浄妙禅寺」と彫られた石碑が立つ。

▲石や植栽の位置は計算し尽くされている

き せんあん
喜泉庵

天正年間（1573〜92）に建てられた茶室で、1991年に復興。美しい庭園を眺めながら抹茶と落雁660円を楽しもう。
☎0467-22-8638 **MAP**P123D2

かれさんすいのていえん
枯山水の庭園
喜泉庵の庭園で和の美を堪能

植栽や大小の岩を配し、手入れの行き届いた枯山水庭園。一角には水琴窟もあり、心地いい音を体感できる。

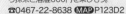

鎌倉随一の竹林を有する
静寂に包まれた報国寺

ゆっくり拝観 30分

本堂裏には石仏や灯籠が配された美しい竹の庭があり、非日常の風景が広がります。
静寂に身を任せ、心落ち着く散策を楽しみましょう。

ほうこくじ
報国寺

本堂裏手に広がる鎌倉随一の竹の庭

建武元年（1334）に創建された足利家時が開基と伝わる臨済宗の寺。かつては足利、上杉両家ゆかりの寺院として栄え、鎌倉五山・十刹に次ぐ格を与えられていた名刹だ。本堂裏には石仏や灯籠が配された美しい竹林が広がり、茶席で抹茶600円もいただける。

☎0467-22-0762 🏠鎌倉市浄明寺2-7-4 💴無料（竹の庭入場は300円）🕘9〜16時 🈺年末年始6日間 🅿5台 🚌バス停浄明寺から徒歩2分 MAP P123D2

▲竹の庭の散策路沿いには石仏が配置されている

たけのにわ
竹の庭

心安らぐ静寂な空間

約2000本の孟宗竹の中に散策路を整備。竹林の間を木漏れ日が差しこみ、心に安らぎを与えてくれる。

しょうろう
鐘楼

竹の庭の入口付近

茅葺き屋根の鐘楼は大正時代の関東大震災までは本堂も茅葺きだった面影を偲ばせている。

▲約250年前に建築された風情ある鐘楼

ほんどう
本堂

梅や桜の開花も楽しみ

内部には南北朝時代に作られた釈迦如来坐像が安置されている。毎週日曜には坐禅会（→P64）も開催される。

▶川端康成が『山の音』執筆の際に使った机が残されている

きゅうこうあん
休耕庵

竹の庭の奥に設けられた茶房。その場で点てる抹茶に落雁が付いて600円。静寂に包まれた竹の庭を眺めながら、時間を忘れて休憩を。

☎0467-22-0762 MAP P123D2

📖▶報国寺には足利氏一族の墓があり、岩肌に彫られたやぐら（横穴式墳墓）が現存しています。

紅葉ヶ谷と呼ばれる山あいに立つ 鎌倉屈指の花の寺・瑞泉寺

自然の地形を利用した庭園で禅の精神にふれ、
一年中花の絶えない境内では文学碑めぐりも楽しめます。

ゆっくり拝観 30分

ずいせんじ
瑞泉寺

四季折々の花と紅葉に彩られる禅寺

嘉暦2年（1327）、臨済宗の名僧である夢窓(むそう)国師(こくし)（疎石）によって創建された。鎌倉幕府滅亡後は、足利基氏をはじめ鎌倉公方4代の菩提寺として栄え、鎌倉五山に次ぐ十刹第一位の格式を誇った。本堂裏の池泉式庭園は作庭家としても名高い夢窓国師の作。文人ゆかりの寺でもあり、スイセン、フジ、キキョウなど通年花が咲く境内には、多くの文学碑も立つ。

☎0467-22-1191 住鎌倉市二階堂710 ¥拝観200円 ⏲9～17時（最終入山は16時30分）休無休 P20台 交バス停鎌倉宮（大塔宮）から徒歩15分 MAP P123D1

ここに注目!
ちせんしきていえん
池泉式庭園
岩盤をえぐって滝や池、中島などを配したダイナミックな庭園

▲京都の天龍寺、西芳寺も作庭した夢窓国師の作

ほんどう
本堂

強い反りが特徴の2層屋根

2層屋根の本堂は昭和50年代の再建。美しい屋根の反りは禅宗建築独特のものだ。本尊の釈迦如来坐像、徳川光圀寄進の千手観音坐像が安置されている。

▲8月下旬～9月下旬はフヨウの花に包まれる

ちせんしきていえん
池泉式庭園

国の名勝指定の岩庭

岩山の裾を削って造られた約40㎡の庭。石組みや植栽を使わず、岩盤に天女洞と呼ばれる穴をうがち、巧みな彫刻的手法で池や中島、滝を表している。昭和45年（1970）、古地図をもとに発掘、復元された鎌倉に残る鎌倉時代唯一の庭園。

墓地
どこもく地蔵堂
天女洞
貯清池
開山堂
池泉式庭園
本堂
客殿
久保田万太郎句碑
安國利生塔
休憩所
書院
東庭
庫裏
保寿軒
納経受付
吉祥斎
大宅壮一評論碑
鐘楼
南芳庵
吉田松陰留跡碑
山門
鶴亀の石庭
吉野秀雄歌碑
男坂
山崎方代歌碑
瑞泉寺文学案内板
女坂
拝観受付

▲放浪の歌人といわれ晩年は鎌倉に住んだ山崎方代の歌碑は山門手前にある

ぶんがくひ
文学碑

文人たちの足跡を探して

多くの文人墨客ゆかりの寺であり、吉野秀雄、久保田万太郎、高浜虚子の歌碑・句碑をはじめ大宅壮一評論碑などがあちらこちらにある。

どこもくじぞうどう
どこもく地蔵堂

どこもく（苦）と諭す

堂を守る僧が貧しさに耐えかねて逃げ出そうとすると夢枕に立ち「どこも苦しいのは同じ」と諭したと伝える地蔵を祀る。

▶鎌倉時代後期の作という木造地蔵菩薩立像を安置

BEST SEASON

梅 2月上旬～3月下旬

鎌倉市天然記念物のオウバイやシダレウメ、紅梅、豊後梅などが咲き継ぎ、ふくいくと香る。

©鎌倉市観光協会

紅葉 12月上旬～下旬

紅葉ヶ谷の名のとおり、カエデの紅葉が境内を染め上げ、苔の庭に散り敷く様もみごと。

名数で知る
鎌倉の自然と歴史

禅宗寺院を格付けした「鎌倉五山」のほかにも、
鎌倉の名所、史跡には、名数で呼ばれるものが数多くあります。

｛ 三名鐘（さんめいしょう） ｝

鎌倉を代表する名刹には大きく、音色のよい鐘がある。建長寺、円覚寺、常楽寺の梵鐘を「三名鐘」といい、建長寺と円覚寺の鐘はともに国宝。常楽寺の梵鐘は国重要文化財の鎌倉最古のもので鎌倉国宝館に収蔵されている。
長谷寺の鐘を入れて「鎌倉四古鐘」とよぶこともある。近くにいるだけで800年の時代をさかのぼれるような佇まいもすばらしい。

｛ 五名水（こめいすい） ｝

山と海に囲まれた鎌倉にとって水を得ることはとても重要なこと。湧き水は貴重なものだった。なかでも歴史的に有名な湧き水が、梶原太刀洗水（朝夷奈切通）、銭洗水（銭洗弁財天 宇賀福神社）、日蓮乞水（名越）、金龍水と不老水（建長寺）の5つ。建長寺にあった2つは現存しないが、3つは今もその名残をとどめている。また不老水ではなく甘露水（浄智寺）を入れる場合もある。

｛ 七口（ななくち） ｝

三方を山に囲まれた鎌倉の出入口。敵の侵攻に備え山を切り開いて細い通路を設けた。極楽寺坂、大仏坂、仮粧坂（化粧坂）、亀ヶ谷坂、巨福呂坂、朝夷奈切通、名越切通の7カ所。「七切通」とも呼ばれる。極楽寺坂・巨福呂坂は新しい道に変わったが、それ以外の道は、かつての佇まいをよく残している。名水もある朝夷奈切通や、源氏山に続く仮粧坂の急坂はタイムスリップしたような雰囲気がある。

｛ 十井（じっせい） ｝

五名水に続いて水にちなんだ名所が「十井」。水が貴重だった鎌倉では井戸の水を売る商売もあったとか。浄智寺の甘露の井、明月院の瓶ノ井などは、現在でも使われている歴史ある名水。鶴岡八幡宮近くの鉄ノ井、海蔵寺の底脱ノ井、極楽寺坂の星ノ井などは、かつての趣を残している。現在では使われていないものも多いが、歴史と鎌倉の暮らしを感じられるスポットだ。
鎌倉はほかにも五山、五尼山、十橋など数にちなんだ名所がある。五山は鎌倉禅宗の名刹として健在だが、五尼山はほとんどが廃寺となり、唯一残った東慶寺も男性住職の寺となり、十橋は名前は残っているものの、名所ではなくなってしまっている。

A「三名鐘」の円覚寺の洪鐘。境内の中の高台にあり眺望もすばらしい
B「五名水」のひとつ銭洗水。源頼朝ゆかりの名水は今も参詣者で賑わう
C「七口」きっての急坂、仮粧坂。岩肌がそそり立つ坂を登り切れば源氏山の絶景
D「十井」の底脱ノ井。娘が水を汲みに来、水桶の底が抜けた際に詠んだ句が名の由来

※それぞれの場所は折込MAP「鎌倉の寺社・名所図」を参照。

金沢街道周辺であわせて行きたい由緒ある神社と寺

塩や海産物を運ぶ交易路として「塩の道」とよばれていた金沢街道。
街道の北側は、鎌倉でも風光明媚な場所で知られています。

ここに注目!
ほんどう
本堂
滅亡した北条氏を弔うため、屋敷跡に建立された

9月にはハギの花で埋め尽くされる

ここに注目!
ほんどう
本堂
堂内ではガラス越しに三体の十一面観音を拝むことができる

茅葺き屋根の本堂。坂東三十三観音霊場第一番札所

ほうかいじ
宝戒寺

ゆっくり拝観 **20分**

参道を飾るハギの花が見事

9月にはハギの白い花が咲き誇り、「萩の寺」として知られる寺。新田義貞によって北条氏一門が滅ぼされた後、後醍醐天皇の発願により足利尊氏が北条執権屋敷跡に一族の慰霊のために創建した。本堂には尊氏が寄進した地蔵菩薩、梵天、帝釈天の三尊が安置されている。本尊である子育経読地蔵大菩薩は国の重要文化財。

☎0467-22-5512 ⓗ鎌倉市小町3-5-22 ¥拝観300円 ⓛ9時30分～16時30分（10～3月は～16時）休無休 Pなし 交JR鎌倉駅から徒歩13分 MAP P123C2

1 歴史を物語る立派な鐘楼
2 本堂前に吊り下がる鰐口

すぎもとでら
杉本寺

ゆっくり拝観 **20分**

鎌倉最古の歴史を誇る

鎌倉幕府が開かれる500年ほど前、天平6年（734）に光明皇后の発願によって創建された鎌倉最古の寺。本尊は行基、慈覚大師、恵心僧都の作と伝えられている三体の十一面観音。本堂には源頼朝が再興した際に寄進した前立本尊・十一面観音像も安置され、堂内に上がって拝観できる。長い石段の両脇にはたくさんの奉納幡が掲げられ、霊場らしい雰囲気を醸し出している。

☎0467-22-3463 ⓗ鎌倉市二階堂903 ¥拝観300円 ⓛ9時～15時45分 休無休 Pなし 交バス停杉本観音からすぐ MAP P123D2

1 仁王門には運慶の作と伝わる仁王像が立つ
2 本堂脇には石造りの五輪塔が見られる

塩の道を見守った
地蔵を祀る
観音霊場へ

かつて製塩が盛んだった六浦（横浜市金沢区）から朝比奈切通を経て鎌倉へと塩が運ばれた金沢街道。フジやシャクナゲの見事な「光触寺」境内には、塩商人が供えた塩を舐めたという伝説がある塩嘗地蔵が見られる。☎0467-22-6864 **MAP**P121D2

ここに注目!
しゃでん
社殿
天神様を祀る社殿。受験シーズンには多くの参拝者が訪れる

ここに注目!
あいぜんどう
愛染堂
本尊の愛染明王坐像、不動明王に邪気退散を祈念しよう

金沢街道
●
宝戒寺・杉本寺・荏柄天神社・覚園寺

社殿にはたくさんの合格祈願の絵馬がかかる

11月下旬～12月上旬、紅葉に包まれる境内は中世鎌倉を彷彿させる別天地

えがらてんじんしゃ
荏柄天神社

ゆっくり
拝観
20分

春の訪れを告げる紅梅

鎌倉幕府開府前の長治元年（1104）の創建で、福岡の太宰府天満宮、京都の北野天満宮とともに日本三古天神と称される。鎌倉幕府の鬼門の位置に鎮座していることでも知られている。御祭神は「学問の神」とよばれる菅原道真公であるため、合格祈願に訪れる参拝者も多い。境内には100本を超える梅があり、なかでも本殿前の紅梅は鎌倉一早く咲く木として知られている。

☎0467-25-1772 住鎌倉市二階堂74 ¥境内自由 時8時30分～16時30分 Pなし 交バス停天神前から徒歩すぐ **MAP**P123C2

❶交差した木の下をくぐり境内へ ❷境内の奥にはカッパの絵が刻まれた絵筆塚がある

かくおんじ
覚園寺

ゆっくり
拝観
50分

鎌倉至高の名仏に囲まれる体験を

建保6年（1218）、北条義時が建立した大倉薬師堂が前身で、北条貞時が元寇の再来なきよう祈願し寺に改めた。廃寺になった寺の本堂を明治38年（1905）に移築した愛染堂までは無料で拝観可能で、その先にある薬師堂などは拝観料が必要。薬師堂内で十二神将神にぐるりと祈願を。

☎0467-22-1195 住鎌倉市二階堂421 ¥拝観500円 時10～16時（季節や企画により変動）休4月27日、8月10日、12月20日～1月7日、荒天日 Pなし 交JR鎌倉駅から京急バス大塔宮行きで8分、終点下車後徒歩10分 **MAP**P123C1

❶6月上旬～下旬にはアジサイの花が彩る石段上に山門が立つ ❷境内が朱色に染まる紅葉時期は特に美しいと評判

鎌倉駅方面へのバスは渋滞に巻き込まれることが多いので、徒歩で移動したほうが無難です。

金沢街道周辺の隠れ家カフェ&ランチ

喧噪を離れた閑静な住宅街に人知れずたたずむ名店があります。
古刹めぐりを楽しんだ後にのんびりしていきましょう♪

二階堂
あとりえ きか＋かふぇ ぐらす

Atelier Kika＋ Cafe GRASS

アトリエ展示に合わせたスイーツ

鎌倉宮近くの閑静な場所にたたずむアトリエ。白壁で囲まれたナチュラルな空間には、湘南在住のアーティストなどが手掛ける生活雑貨や装飾小物、アクセサリーなどがずらりと並ぶ。オーナーのセンスで選んでいるので、いつ訪れても新鮮な発見があるのもこの店の楽しみ。併設のカフェでは、展示に合わせたオリジナルスイーツが味わえる。

☎0467-24-7025 住鎌倉市二階堂91 ⏰12時30分～17時30分 休不定休 Pなし 交JR鎌倉駅から京浜急行バス大塔宮行きで7分、終点下車すぐ MAPP123D2

カフェのスイーツメニューはアトリエの展示内容で替わる。写真はアルザスのタルトとブレンドコーヒーのセット1100円

雑貨もあるよ

素朴なデザインの栗べら880円と鍋つかみ(hiki)1320円

コチラがおすすめ

スイーツは私がイメージを膨らませ「パティスリーR」で作っています

オーナーのレイナル麻里子さん

《これもオススメ》
ケーキセット 1100円
ハーブティー 500円
ロイヤルミルクティー 650円

併設のAtelier Kikaは約10日ごとに展示作品が替わる

コーヒーロール660円。甘味は甘糀でプラス

《これもオススメ》
大豆コロッケ定食 2310円
季節のパフェ 870円
甘糀ジェラート 850円

身体にやさしいメニューを提供

浄明寺
そうび

sawvi

自家製「甘糀」で作るスイーツ

「糀のある暮らし」をコンセプトに、自家農園で農薬や化学肥料を使わずに作ったコシヒカリを使った、甘糀を取り入れたメニューを提供。スイーツやドリンクのほか食事メニューも充実している。

☎0467-37-5188 住鎌倉市浄明寺5-6-1 ⏰11～18時 休月・火曜 Pなし 交JR鎌倉駅から車で10分 MAPP121D2

浄妙寺の境内にある ガーデンレストラン

浄妙寺の境内にある「石窯ガーデンテラス」は、イングリッシュガーデンが評判のレストラン。季節のパスタとサラダ、ドリンクが付くランチセットは2700円。別途浄妙寺拝観料100円が必要。
☎0467-22-8851 （MAP）P123D2

二階堂
かふぇ かえる

cafe kaeru

焼きたてパイのカジュアルランチ

静かな住宅街に立つ一軒家カフェでは、注文を受けてから焼くアツアツのミートパイが評判。焼きたてパイにアイスがとろけるアップルパイもおすすめに。庭や店内に配されたカエルの置き物にも注目。

☎0467-23-1485 （住）鎌倉市二階堂936
（時）11〜17時 （休）水・木曜、ほか臨時休あり （P）2台
（交）バス停天神前から徒歩3分 （MAP）P123D2

《これもオススメ》
アップルパイバニラアイスのせ　800円
カレーうどん　1200円
Kaeruブレンド　500円

もう一品

ヘルシー派は季節野菜のどんぶり、味噌汁付き1700円を

木漏れ日注ぐサンルームで庭を眺めつつゆったり。奥にはソファ席もある

じゃがバター、自家製ピクルス、グリーンサラダが付くミートパイ1800円

生ハムと旬野菜のエクスポジション（大地の恵）トリュフ風味は、ランチコース6930円のオードブル

《これもオススメ》
スープ　840円〜
オードブル　1500円〜
ディナーコース　5184円〜

この一皿

ランチコースにプラス1980円でメインの和牛肉の炭火焼き赤ワインソースをオーダーできる

閑静な住宅街の中にあり店内は洗練された雰囲気

雪ノ下
れすとらん なちゅーる え さんす

Restaurant Nature et Sens

彩り美しい芸術的な一皿

鎌倉の食材をふんだんに使ったフランス料理を提供。ランチコースは、アミューズ、オードブル2皿、魚料理、肉料理、デザートの7〜8皿で提供。

☎0467-61-3650 （住）鎌倉市雪ノ下3-6-39
（時）11時30分〜13時LO、17時30分〜19時LO
（休）水曜 （P）2台（要予約）（交）JR鎌倉駅から徒歩16分 （MAP）P123C2

二階堂
ちゅうごくしょうじんりょうり りんりん

中国精進料理 凜林

作り手の心伝わる中国精進風料理

四季折々の地元食材がヘルシーかつおしゃれな中国料理に変身。その秘密は手間暇かけた調理法にあり、脂っこさが苦手な女性もぜひ。烏龍茶麺使用の中国茶麺御膳もおすすめ。完全予約制。

☎0467-23-8535 （住）鎌倉市二階堂725-4
（時）11〜15時、17〜21時（19時30分LO）（休）不定休 （P）5台 （交）JR鎌倉駅から京浜急行バス大塔宮行きで終点下車、徒歩約8分 （MAP）P123D1

《これもオススメ》
昼御膳　2970円
中国茶麺御膳　2970円
コース料理　4620円〜

もう一品

なめらかな口あたりの杏仁豆腐550円

瑞泉寺総門脇の谷戸の一軒家。月毎の9品目の昼御膳

木々に囲まれた自然の中にひっそりとたたずむ

凜林近くの天園ハイキングコースは瑞泉寺から建長寺の半僧坊へ、約1時間30分の尾根歩きが楽しめます。（MAP）折込MAP鎌倉全体図

これしよう!
光明寺の精進料理で
ヘルシー体験

境内の「大聖閣」では、個室でゆったり精進料理が味わえる。(→P63)

これしよう!
ユニークな異名の
ぼたもち寺へ

日蓮にゴマのぼたもちを捧げた故事に由来した常栄寺(→P60)へ。

これしよう!
海と富士山を望む
光明寺へ

天照山から眺める景観はかながわの景勝50選の一つ。(→P62)

日蓮聖人ゆかりの寺社めぐりへ

大町・材木座

おおまち・ざいもくざ

さんぽのおともに
あんぱんがいいね

こんなところ

鎌倉時代には商人の町として栄えたこのエリアには、庶民的で昔ながらの店が残る。日蓮聖人が初めて鎌倉へ入り、草庵を結んだとされる大町地区には、日蓮ゆかりの名刹が点在している。海と富士山を望む光明寺、日蓮が『立正安国論』を書いた安国論寺など、さわやかな潮風をうけながら散策を楽しもう。

a c c e s s

●鎌倉駅から
バス停名越へは、京急バス新逗子駅行き・鎌30で8分。バス停光時寺へは、京急バス新逗子駅行き・鎌40で約10分

問合せ
☎0467-23-3050
鎌倉市観光協会
☎0467-61-3884
鎌倉市観光課
広域MAP P121C2〜3

～大町・材木座おさんぽマップ～

鎌倉駅

6 大巧寺
（→P61）

4 妙本寺
（→P61）

蛭子神社

5 本覚寺
（→P61）

3 常栄寺
（→P60）

教恩寺

安国論寺の境内には
大きな仏足石が
境内の一角には精巧
な細工が施された仏
足石が。（→P60）

大町四ッ角 八雲神社 大寶寺

別願寺

2 日進堂
（→P61）

上行寺 安養院

六地蔵

延命寺

第一小

鎌倉
女学院高

由比若宮
（元八幡）

本興寺

和田塚

一の鳥居

名越

日蓮ゆかりの本覚寺は
鎌倉七福神のひとつ
源頼朝が幕府の鬼
門に夷神を祀ったと
される。（→P61）

1 安国論寺
（→P60）

啓運寺

JR横須賀線

妙長寺

長勝寺

逗子駅へ

富士山を一望する
風光明媚な材木座海岸
風光明媚な材木座
海岸では和賀江嶋も
見られる。（→P63）

向福寺

来迎寺

長勝寺 銚子ノ井

五所神社

実相寺

九品寺

補陀洛寺

観光のヒント
大町周辺では
昔ながらの店めぐり
商店が連なる大町周辺には、パン
の日進堂（→P61）など、昔なが
らの名店が残る。日蓮聖人ゆかり
の寺めぐりの途中に立ち寄ろう。

千手院

蓮乗院 光明寺

相模湾

N
0　200m

134

大
町
・
材
木
座

おすすめコースは
2時間45分

本覚寺、妙本寺、安国論寺
など、日蓮ゆかりの古刹が
密集しているエリア。時間
が許せば潮の香りが漂う
光明寺へもぜひ。比較的平
坦なさんぽ道で心地いい。

スタート		1		2		3		4		5		6		ゴール
バス停 名越		安国論寺 拝観		日進堂 買い物		常栄寺 拝観		妙本寺 拝観		本覚寺 拝観		大巧寺 拝観		JR 鎌倉駅
	徒歩2分		徒歩8分		徒歩3分		徒歩5分		徒歩5分		徒歩2分		徒歩3分	

日蓮聖人ゆかりの寺を
ご利益おさんぽ

日蓮聖人が最初に草庵を結んだとされる大町・材木座周辺には
ゆかりの寺が点在し、その足跡を今に伝えています。

安国論寺
（あんこくろんじ）

日蓮聖人が迫害に耐えながら
『立正安国論』を執筆した寺

安房の国から鎌倉に入った日蓮が、初めて草庵を結んだと伝えられる寺院。日蓮は幕府などによる迫害を受けながら、境内の御法窟で『立正安国論』を書いたと伝えられる。反日蓮宗徒によって襲われたとき、白猿に導かれて難を逃れたという南面窟も残されている。

☎0467-22-4825 ⓗ鎌倉市大町4-4-18 ¥拝観100円 ⓣ9時〜16時30分 ⓗ月曜（祝日の場合は開門）ⓟなし ⓧJR鎌倉駅から徒歩15分 MAP P121C3

❶安国論寺のある一帯を松葉ヶ谷という ❷境内の高台にある立正安国の梵鐘 ❸日蓮聖人が避難したとされる南面窟 ❹市の天然記念物のサザンカも見られる

徒歩8分

常栄寺
（じょうえいじ）

日蓮聖人の命を救った
ぼたもちの逸話が残る

日蓮聖人が囚われの身となり龍ノ口の刑場に送られる途中、この地に住んでいた桟敷の尼がゴマのぼた餅を捧げたという。その後、日蓮は奇跡的に処刑を免れ、助かったことから「ぼたもち寺」ともよばれている。

☎0467-22-4570 ⓗ鎌倉市大町1-12-11 ¥ⓣⓗ境内自由 ⓟなし ⓧJR鎌倉駅から徒歩10分 MAP P125B1

❶冠木門にも「ぼたもち寺」とある ❷ハギに囲まれた稲荷社 ❸毎年9月12日には、ぼたもち供養が行われる

徒歩5分

日蓮聖人ゆかりのスポットへ

日蓮聖人は鎌倉各所の辻で道行く人々に辻説法を行ったと伝わる。そのひとつが小町大路に石碑の立つ日蓮聖人辻説法跡」。☎0467-61-3884（鎌倉市観光課）**MAP**P125D2

大町・材木座 ●日蓮聖人ゆかりの寺さんぽ

🌲 本覚寺 ほんがくじ

1月1〜3日の初えびすは多くの人で賑わう

もと天台宗の夷堂があった地に創建された寺。佐渡流罪から鎌倉に戻った日蓮聖人が、一時身を寄せたと伝えられる。境内には樹齢100余年のサルスベリの巨木をはじめ、シダレザクラやイチョウなどの木々が立ち、四季折々に彩りを添える。

☎0467-22-0490 住鎌倉市小町1-12-12 ¥休境内自由 Pなし 交JR鎌倉駅から徒歩3分 **MAP**P124B1

❶季節の草花に囲まれた本堂 ❷涼やかに水が落ちる手水

❶商売繁盛の夷神を祀る夷堂。鎌倉随一というサルスベリが彩る ❷豪壮な本堂とシダレザクラの調和も見もの ❸にぎると願いがかなうお守り「にぎり福」は1個600円

徒歩2分

🌲 大巧寺 だいぎょうじ

安産のご利益がある通称「おんめさま」

昔は十二所エリアにあり「大行寺」と称されていたが、源頼朝が寺内で練った作戦により大勝したことから「大巧寺」と改められた。安産祈願で名高い産女霊神を祀り、「おんめさま」とよばれ親しまれている。

☎0467-22-0639 住鎌倉市小町1-9-28 ¥休境内自由 P10台 交JR鎌倉駅から徒歩3分 **MAP**P125D3

徒歩5分

🌲 妙本寺 みょうほんじ

比企一族とゆかりの深い日蓮宗最古の古刹

「比企谷」とよばれる山あいに建立された寺。鎌倉時代の武将、比企一族の邸跡で、2代将軍頼家は幼少期をここで過ごした。開山である日蓮聖人臨終の際に、枕元に掲げられていた聖人直筆の大曼荼羅御本尊が寺宝となっている。

☎0467-22-0777 住鎌倉市大町1-15-1 ¥拝観志納 ◎9〜16時 休無休 Pなし 交JR鎌倉駅から徒歩9分 **MAP**P123C3

❶日蓮聖人の像をノウゼンカズラが彩る ❷祖師堂は天保年間の建立で鎌倉最大級の木造建築 ❸持国天と多聞天が祀られている二天門

🛍️ 食べ歩きコラム

▼小倉あんぱん、サツマイモアンパン 各180円

▲コロネはイチゴクリーム、モカなど種類豊富で各180円

日進堂 にっしんどう

地元で評判の多いベーカリー。人気商品は午前中に売り切れるほど。

☎0467-22-0479 住鎌倉市大町2-2-3 ◎7〜18時 休無休 Pなし 交JR鎌倉駅から徒歩8分 **MAP**P124B1

 安国論寺には天然記念物で妙法桜とよばれるヤマザクラの古木があり、開花期には多くの人が訪れます。

海と富士山を眺める大寺では
精進料理をいただけます

境内の背後にそびえる天照山から海と富士山を一望できる湘南四大寺の一つ。
蓮池を眺めながら味わえる精進料理はヘルシーなごちそうです。

てんしょうざん
天照山
富士山を見渡す
光明寺の背後の山を総称して天照山といい、ここからの眺めは「かながわの景勝50選」にも選ばれている。

こうみょうじ
光明寺

湘南四大寺の一つ
潮風香る風光明媚な大寺

鎌倉幕府の四代執権北条経時が、浄土宗の第三祖である然阿良忠上人を招いて開山した浄土宗の大本山。鎌倉随一の大きさを誇る山門、十四間四面の大建築の大殿（本堂）など、数多くの建造物が残る。

☎0467-22-0603 ㊟鎌倉市材木座6-17-19 ㊟拝観志納 ㊟7〜16時（夏期は6〜17時）㊟無休 ㊟30台 ㊟バス停光明寺下車徒歩すぐ ㊟P121C3

たいしょうかく
大聖閣
記主庭園内に立つ風流な建物
目の前には江戸の名庭師、小堀遠州作と伝わる記主庭園が広がる。7月には古代ハスが花を付け華やかな光景となる。

▲大聖閣でも精進料理をいただくことができる

さんもん
山門
鎌倉で最大級の
規模を誇る

弘化4年（1847）に建立された山門は、1階は日本風、2階は中国風の珍しい様式の門。階上には釈迦三尊像などが祀られている。

▲目の前に立つとスケールの大きさに圧倒される

名庭を眺めつついただく
精進料理

究極の幸せ（悟り）に至るための仏道修行を支える食事を精進料理といい、光明寺ではこのありがたい食事をいただくことができる。肉や魚などを使わないヘルシー料理として、特に女性に好評。蓮月御膳4500円は全9皿の料理が、朱塗りの器に盛られ、一皿ずつ運ばれる。おこわのようにふっくらしたご飯、具だくさんのさつま汁、光明寺精進しぐれなどが付く。

広島コンニャクの白ゴマを使った白和え

卵を使わない季節の野菜を使った精進揚げ

食材によって味付けを変えた煮物

季節菜のだしがきいたおひたし

コクのあるゴマ豆腐

和風デザート、光明寺饅頭

料理の内容は季節によって替わるので、事前の予約の際に確認を●精進料理の予約は光明寺へ●完全予約制で11時30分〜13時30分

▲国の重要文化財に指定されている入母屋造の建物
2023年4月現在改修工事中

だいでん（ほんどう）
大殿（本堂）
鎌倉一の規模といわれる木造の古建築

元禄11年（1698）建立。阿弥陀三尊をはじめ、弁財天像、善導大師等身大立像などが安置されている。

▶本堂の前には唐代に活躍した中国浄土教の高僧、善導大師の銅像も立つ

▶本堂に掛かる扁額はきらびやかな造り

さんそんごそのせきてい
三尊五祖の石庭
本堂の南側にある枯山水庭園

阿弥陀如来、観音菩薩、勢至菩薩の三尊、釈尊、善導、法然、聖光、良忠の五祖が、庭園の中の石で表現されている。

▲庭全体でこの世と彼岸を示している
2023年4月現在改修工事中

わかえのしま
和賀江嶋

鎌倉時代、遠浅のため船荷の積み下ろしに不便で、波風が強く難破する船もあった材木座海岸に造られたのが和賀江嶋。日本最古の築港遺跡で、国の史跡。干潮時にだけ石積みが見られる。問合せは☎0467-61-3884（鎌倉市観光課） MAP P121C3

ふむふむコラム fumu! fumu

鎌倉ならではの禅宗体験
坐禅や写経、写仏で心の修行を

静寂な空気に包まれた鎌倉の禅宗寺院で、日常を忘れて、
心静かに自分と向き合う時間を。禅の精神にふれることで、心の平穏を得よう。

{ 坐禅 }
カラダと心を
ひとつにする

禅宗ならではの修行が「坐禅」。お釈迦様は菩提樹の木の下で7日間坐禅し、悟りを開いたとか。その釈迦に近づくために、姿勢を正して坐ることで身・息・心を統一することが坐禅の修行。作法や呼吸法にも厳しい決まりがあるが、建長寺や円覚寺など、鎌倉の各寺院では初心者にもわかりやすい指導のもと、坐禅を体験できる。緩みがちなカラダと心が凛としてくるはずだ。

坐禅のできる寺

■円覚寺 ☞P18
・日曜説教坐禅会
　毎月第2・第4日曜
　9〜11時　予約不要
　(時間までに着坐)
　※必ず法話から参加のこと
　参加無料(要拝観料300円)
・暁天坐禅会
　年間無休(12月19日〜1月7日、
　9月29日〜10月5日は休み)
　4月〜10月　5時30分〜6時30分
　11月〜3月　6〜7時
　予約不要(時間までに着坐)
　参加無料
　問合せ☎0467-22-0478
・ほか公式サイトで確認

■建長寺 ☞P20
　毎週金・土曜15時30分〜16時30分
　15分前までに着坐　予約不要
　参加無料(要拝観料500円)
　問合せ☎0467-22-0981

■報国寺 ☞P51
・日曜坐禅会　坐禅、提唱、
　読経、粥坐(しゅくざ)、作務など
　毎週日曜　7時30分〜
　予約不要(時間までに本堂前集合)
　初心者への指導もあり　参加志納
　問合せ☎0467-22-0762

1 雑念が出たり姿勢が乱れると警策(けいさく)でピシッと打たれる
2 尻に小さな枕を置き、結跏趺坐という形に足を組む。片足だけ組む半跏趺坐も可
3 足を組んで姿勢を整えたら、鐘の合図で坐禅がスタート。呼吸を整えよう
4 うまく集中できないときは直日(じきじつ)とよばれる僧に肩を打ってもらおう
5 坐禅の時間は線香1本分の時間、30分程度。初心者は休憩を入れながら行う
6 周囲を気にせず無の境地になれれば新しい自分が発見できるはず

写経
ひと文字ひと文字に心が洗われる

「写経」とは仏の言葉である教典を書き写すこと。コピーのない時代にはとても重要な僧の仕事であり、修行のひとつだった。現在では修行とともに願い事を託すためにも行われている。写経は「般若心経」を写すことが多く、手本の上に薄い和紙を置いて写すか、または経文が薄く印刷された用紙をなぞるので、字のうまい下手に関係なく、誰もが取り組める。心を込めて書き写していくと、自然と集中力が湧いてくるだろう。

7 長谷寺の写経・写仏は印刷された用紙をなぞる
8 始める前は手水で手を清める
9 長谷寺の場合は郵送で納経もできる
10 長谷寺の写経会場

写経のできる寺

■長谷寺 ☞P72
毎日9〜14時（最終受付は13時）
約2時間　用紙代1200円（別途拝観料400円）道具あり　予約不要
問合せ☎0467-22-6300

■妙本寺 ☞P61
毎日10〜15時（法事、行事の際は不可）
写経用紙料等2000円（御祈願料込み）
道具あり　要予約
問合せ☎0467-22-0777

■光明寺 ☞P62
毎月第2水曜　10〜12時　法話と写経
予約不要　1500円　道具あり
※上記以外の日も予約により受付
問合せ☎0467-22-0603

■円覚寺 ☞P18
不定期（公式サイトで発表）10時〜11時30分、13時〜14時30分　約40分　用紙代1000円（別途拝観料300円）道具あり　予約不要
問合せ☎0467-22-0478

■建長寺 ☞P20
毎日9〜15時入場まで
予約不要　1000円（別途拝観料500円）
道具あり
問合せ☎0467-22-0981

写仏
仏さまの姿に願いを込める

写経と同様に仏画を描く写仏という修行もある。仏には如来、菩薩、明王などさまざまな種類があり、寺によって本尊仏が異なる。長谷寺では本尊の「十一面観世音菩薩像」、光明寺では「阿弥陀如来像」の写仏ができる。できあがりは各寺に納めよう。

11 薄く印刷されていて、衣装や飾りがよくわかる

写仏のできる寺

■長谷寺 ☞P72
毎日9〜14時（最終受付は13時）
約2時間　用紙代1200円（別途拝観料400円）道具あり　予約不要
問合せ☎0467-22-6300

■光明寺 ☞P62
毎日9〜16時　1500円
道具あり　要予約
問合せ☎0467-22-0603

【ふむふむコラム】● 坐禅・写経で心の禅修行

鎌倉三十三観音霊場と七福神めぐり

鎌倉には人々に手を差し伸べてくれる仏・観音菩薩をめぐる三十三ヶ寺めぐりがある。1番の杉本寺から33番の円覚寺仏日庵まで、有名な寺だけでなく小さな隠れ寺もある。また正月には「鎌倉江の島七福神めぐり」を開催。北鎌倉の浄智寺の布袋尊から江島神社の弁財天までをめぐる。御朱印帳や色紙を購入して、各寺の御朱印をいただいてみよう。ご利益とともに達成感も格別だ。

※地図は折込MAP「鎌倉の寺社・名所図」を参照

12 各観音霊場札所にかかるこの額が目印
13 七福神めぐりはこの旗のもと。本覚寺〜長谷寺〜御霊神社〜江島神社へは江ノ電でめぐろう

鎌倉花ごよみ
～散策をさらに楽しむために～

	1月 睦月	2月 如月	3月 弥生	4月 卯月	5月 皐月	6月 水無月

春

→ 正月ボタン〈1月上旬〜2月上旬〉鶴岡八幡宮

→ スイセン〈1月上旬〜1月下旬〉浄智寺／瑞泉寺／明月院

→ ロウバイ〈1月上旬〜2月中旬〉
浄智寺／明月院

→ フクジュソウ〈1月下旬〜3月中旬〉
瑞泉寺／海蔵寺／宝戒寺／長谷寺

→ マンサク〈2月上旬〜下旬〉
瑞泉寺／浄妙寺

→ ウメ〈2月中旬〜3月中旬〉
浄妙寺／光則寺／荏柄天神社／宝戒寺／瑞泉寺／
安国論寺／明月院／浄光明寺／英勝寺

→ ボケ〈2月中旬〜4月中旬〉
九品寺／明月院／長谷寺／東慶寺

→ ミツマタ〈3月上旬〜4月中旬〉
海蔵寺／浄智寺／光則寺／
瑞泉寺／長谷寺

→ ハクモクレン〈3月中旬〜下旬〉
円覚寺／明月院／長谷寺／宝戒寺

→ サクラ〈4月上旬〉
鶴岡八幡宮／瑞泉寺／明月院／円覚寺／
光明寺／高徳院／建長寺／長谷寺／安国論寺／
妙本寺／光則寺／極楽寺／本覚寺

→ カイドウ〈4月上旬〜中旬〉
妙本寺／光則寺／海蔵寺／明月院

→ ボタン〈4月中旬〜5月中旬〉
円覚寺／鶴岡八幡宮／建長寺／
長谷寺

→ ヤマブキ〈4月中旬〜5月上旬〉
英勝寺／海蔵寺／妙本寺

→ ツツジ〈4月下旬〜5月上旬〉
長谷寺／明月院／安国論寺／高徳院

→ フジ〈4月下旬〜5月上旬〉
鶴岡八幡宮／英勝寺／光則寺／
安国論寺／長谷寺／瑞泉寺／光触寺

サツキ〈5月下旬〜6月下旬〉
建長寺／光明寺／瑞泉寺

ハナショウブ〈6月上旬〜中旬〉 →
海蔵寺／明月院／長谷寺

アジサイ〈6月上旬〜下旬〉 →
明月院／長谷寺／御霊神社／
英勝寺／瑞泉寺／浄智寺

▲光明寺サクラ

◀東慶寺の紅梅

▲光則寺カイドウ

▲長谷寺アジサイ

ヤマブキ

サクラ

夏

サルスベリ

アジサイ

※花の開花や紅葉の時期は、寺社の立地やその年の気候によって変動します。

鎌倉の寺社は、花の名所としても有名。
なかでも年間花を楽しめるのが浄智寺、海蔵寺、安国論寺、長谷寺、光則寺など。
ほかにも季節を変えて何度訪れても新鮮な彩で迎えてくれる寺社がいっぱいです。

7月	8月	9月	10月	11月	12月
文月	葉月	長月	神無月	霜月	師走

キキョウ〈7月上旬～8月中旬〉
瑞泉寺／長谷寺／海蔵寺

ノウゼンカズラ〈7月上旬～下旬〉
海蔵寺／明月院／妙本寺／長谷寺

ハス〈7月中旬～8月上旬〉
鶴岡八幡宮／建長寺／本覚寺／光明寺

サルスベリ〈8月上旬～9月上旬〉
浄妙寺／本覚寺／宝戒寺／極楽寺／明月院／龍口寺

フヨウ〈8月下旬～9月下旬〉
瑞泉寺／海蔵寺／極楽寺

ハギ〈9月中旬～下旬〉
建長寺／海蔵寺／浄光明寺／宝戒寺／長谷寺

ヒガンバナ〈9月中旬～下旬〉
宝戒寺／浄光明寺／英勝寺／瑞泉寺

キンモクセイ
〈9月中旬～10月下旬〉
海蔵寺／明月院／
円応寺／安国論寺

シオン〈9月下旬～10月下旬〉
浄智寺／海蔵寺

シュウメイギク〈9月上旬～11月下旬〉
浄智寺／英勝寺／明月院／瑞泉寺／長谷寺

イチョウ黄葉〈11月中旬～12月上旬〉
鶴岡八幡宮／明月院／荏柄天神社／
浄妙寺／杉本寺／安国論寺／長谷寺／円覚寺

カエデ紅葉〈11月下旬～12月下旬〉
鶴岡八幡宮／長谷寺／円覚寺／建長寺／
明月院／妙本寺／高徳院／海蔵寺／瑞泉寺／覚園寺／
浄智寺／浄光明寺／安国論寺／英勝寺／壽福寺

サザンカ
〈11月中旬～1月中旬〉
建長寺／明月院／
安国論寺／龍口寺

センリョウ
〈11月下旬～1月上旬〉
建長寺／安国論寺／
瑞泉寺／成就院／長谷寺

▲英勝寺ヒガンバナ

▲鶴岡八幡宮ハス

▲浄光明寺ハギ

◀荏柄天神社イチョウ

▲円覚寺カエデ・イチョウ。
山門前をJR横須賀線が走る

▲安国論寺サザンカ

秋

ハギ

ヒガンバナ

冬

ロウバイ

寒ボタン

これしよう！
古民家カフェで
ほっこり時間

リノベーションした民家を
利用した休憩スポットも点
在する。(→P80)

これしよう！
鎌倉随一の美男に
会いたい！

鎌倉観光で外せないスポッ
トが高徳院(→P70)。
連日多くの人で賑わう。

これしよう！
花の名所、
長谷寺をそぞろ歩き

アジサイだけでなく四季
折々の花の楽園。写経体
験もぜひ。(→P72)

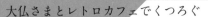

大仏さまとレトロカフェでくつろぐ

由比ガ浜・長谷

ゆいがはま・はせ

食べ歩きグルメも
充実してます

こんなところ

鎌倉のシンボルともいえる大仏さまをはじ
め、四季の花に癒やされる長谷寺、文学の香
り漂う鎌倉文学館（2026年度まで休館）な
ど、有名な観光名所が点在。古くからの商店
街、由比ガ浜大通りや長谷通りには、新旧の
ショップや食事処が点在。極楽寺坂切通を
歩けば、鎌倉らしい光景に出合える。

access

●鎌倉駅から
江ノ電で由比ヶ浜へは3分、
長谷へは5分、極楽寺へは7
分

問合せ
☎0467-23-3050
鎌倉市観光協会
☎0467-61-3884
鎌倉市観光課
広域MAP P121C2・3

～由比ガ浜・長谷おさんぽマップ～

観光のヒント

歩いても江ノ電でも
その日の気分でぶらぶら♪

観光名所を回るには徒歩がおすすめ。由比ガ浜大通りに沿って江ノ電が走るので、行きは歩き、帰りは電車と旅プランも自在に楽しめる。

大仏さまの手のカタチを知ってるかい？
悟りを開いたときの印で瞑想中を表している。(→P70)

浅間神社 ⛩

境内にたたずむお地蔵さんを発見！
長谷寺には良縁地蔵をはじめ多くのお地蔵さまが。(→P72)

大仏坂切通

大仏トンネル

鎌倉大仏

2 高徳院
（鎌倉大仏）
（→P70）

大仏前

鎌倉文学館

江ノ電好きにはたまらない人気の撮影スポット
御霊神社から鳥居ごしに江ノ電の車両が見える。(→P74)

吉屋信子記念館

1 由比ガ浜大通り
（→P77）

海岸通り　麩帆

3 長谷寺
（→P72）

光則寺 卍

長谷観音前

由比ガ浜大通り

Bergfeld長谷

由比ヶ浜

江ノ島電鉄

和田塚駅へ

5 成就院
（→P75）

観音ミュージアム

熊野神社　御霊神社

収玄寺

長谷駅

長谷

鎌倉松原庵

4 なみまち
ベーグル
（→P74）

力餅家

由比ヶ浜

6 極楽寺
（→P75）　極楽寺

三留商店

134

鎌倉海浜公園

極楽寺坂切通

由比ガ浜海水浴場

稲村ヶ崎駅へ

坂ノ下

相模湾

N
0　　　200m

由比ガ浜・長谷

おすすめコースは

4時間10分

江ノ電由比ヶ浜駅を出発して、由比ガ浜大通りを通り、鎌倉大仏、長谷寺と魅力的なスポットが続く。成就院〜極楽寺へは急な上り坂となるため、カフェなどで休憩しながら歩こう。

スタート
1　2　3　4　5　6
ゴール

見学　拝観　拝観　カフェ　拝観　拝観

江ノ電 由比ヶ浜駅 ▶ 由比ガ浜大通り ▶ 高徳院（鎌倉大仏）▶ 長谷寺 ▶ なみまちベーグル ▶ 成就院 ▶ 極楽寺 ▶ 江ノ電 極楽寺駅

徒歩2分　徒歩20分　徒歩8分　徒歩10分　徒歩5分　徒歩5分　徒歩2分

鎌倉唯一の国宝仏にして美男におはす高徳院の大仏さまに会いに行きます

青空の下、おだやかな表情で鎮座する鎌倉の大仏さま。
海辺のそよ風を感じながら、ありがたい気持ちで参拝しましょう。

ゆっくり
拝観
40分

かまくらだいぶつ
鎌倉大仏
人々を見守る美しい坐像
鎌倉時代を代表する仏教彫刻。台座を含む高さは13.35m、顔の長さだけでも2.35m、重さは121tとその大きさは圧巻だ。

©鎌倉市観

こうとくいん（かまくらだいぶつ）
高徳院（鎌倉大仏）

**整った表情に惚れ惚れ
鎌倉で唯一の国宝仏**

阿弥陀如来坐像で造立当初は木像仏だったが、建長4年（1252）に現在の大仏の鋳造が始められたと伝わる。もとは大仏殿に安置されていたが、天災による倒壊と再建を繰り返し、現在のような露坐になった。東京・増上寺の祐天上人が建立した寺が現在に至る高徳院。

☎0467-22-0703 住鎌倉市長谷4-2-28 ¥拝観300円 ⏰8時～最終入門17時15分（10～3月は～最終入門16時45分）休無休 Pなし（近隣駐車場利用）交江ノ電長谷駅から徒歩7分 MAP P124A2

BEST
SEASON

サクラ
3月下旬～4月上旬
境内にソメイヨシノや枝垂れザクラなど約60本が咲き誇る。

紅葉
11月中旬～12月中旬
イチョウの黄葉、モミジの紅葉と木の葉のグラデーションが美しい。

▼かつて大仏殿は60基の礎石に支えられていた。56基が現存

蓮弁 _{れんべん}
美しい蓮台を思わせる
江戸時代中期に蓮台の制作を企画して鋳造された。当初全32枚の予定だったが、完成したのは4枚のみ。

▲大仏像の背後にある蓮弁。表面には寄進者の名前が刻まれている

大仏さまの胎内も拝観できます
内部は空洞になっていて、拝観料50円で胎内に入ることができる。鋳造された際の継ぎ目が見られ、約40回にも分けて鋳上げられた様子を垣間見られる。

鎌倉三十三観音霊場二十三番札所で聖観音像を安置している

与謝野晶子歌碑

観月堂

売店

大仏殿礎石　鎌倉大仏　高徳院

奉納大わらぞうり

香炉

手水舎

拝観受付

仁王門

P

（江ノ電長谷駅へ）

与謝野晶子歌碑 _{よさのあきこかひ}
女流歌人も美男と称した
与謝野晶子がこの地を訪れた際に「かまくらや みほとけなれど 釈迦牟尼は美男におはす 夏木立かな」と詠んだ。

▲釈迦牟尼と詠んだのは間違いで、本当は阿弥陀如来

観月堂 _{かんげつどう}
聖観音像を安置
李氏朝鮮時代の王宮内に建てられたものと伝えられ、大正13年（1924）にこの場所に移築された。

大仏殿礎石 _{だいぶつでんそせき}
大仏殿の大きさを偲ぶ
かつて大仏を風雨から守っていた大仏殿の礎石。明応7年（1498）の津波で流されて以来、露坐になったといわれている。

香炉 _{こうろ}
美しい菩薩様の浮彫り
大仏の前に配されている香炉。前面に天女の浮彫が施され、拝観者がふれるため表面が輝いて見える。

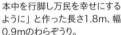

奉納大わらぞうり _{ほうのうおおわらぞうり}
巨大な大仏様の草履
茨城県の子供会が「大仏様が日本中を行脚し万民を幸せにするように」と作った長さ1.8m、幅0.9mのわらぞうり。

▶回廊内壁で見られるわらじ。重さも45kgとビッグサイズ

▼大仏様の大きさに合うように香炉もかなりの大きさ

大仏はどうやって造られたの？
巨大な大仏像は8層に分けて鋳造し、接合して造られている。現在は青銅色だが、もとは継ぎ目も含めて全身が金箔で覆われた金銅仏。今も左の頬の周辺にかすかに金箔が残っている。

由比ガ浜・長谷 ● 高徳院（鎌倉大仏）

作者不明と謎に包まれた大仏さま。眉間の白毫からは人々を照らす光が発せられているといわれています。

長谷寺の木造観音様は国内最大級
見晴台からは湘南の海も望めます

四季折々の花に彩られた下境内を歩き、上境内にある観音堂へ向かいましょう。
鎌倉の海と町並みを望む、とっておきの景色が待っています♪

ゆっくり
拝観
60分

さんもん
山門

真っ赤な提灯がお出迎え

参道の正面に立つ立派な山門。木
造建築で、中央に下がる提灯が目
を引く。ここから先の下境内には
回遊式庭園が広がる。

はせでら
長谷寺

日本最大級の木造観音と
季節の花々が待っている

天平8年(736)創建と伝える古刹で、
開山の徳道上人が作らせたとされる
本尊十一面観音立像は長谷観音の名
で有名。観音山の裾野に広がる下境
内と、中腹に開かれた上境内からなり、
アジサイやハナショウブなど四季折々
の花が彩る美しい境内は「鎌倉の西
方極楽浄土」と称されている。

☎0467-22-6300 🏠鎌倉市長谷3-11-2
💴拝観400円(観音ミュージアムは別途)
🕐8時〜16時30分(4〜6月は〜17時) 休
無休 🅿30台(30分350円) 🚃江ノ電長谷
駅から徒歩5分 MAPP124A2

BEST
SEASON

アジサイ
5月下旬〜7月上旬
眺望散策路の周辺
には40種類以上約
2500株のアジサイ
が群生。

紅葉
11月下旬〜12月中旬
期間中は日没〜紅葉ラ
イトアップを行い、拝観
時間も延長される。

▼右手に錫杖、左手に蓮花の花瓶をもつ
独特の長谷寺式十一面観音立像

かんのんどう
観音堂
黄金の観音様を仰ぎ見る

高さ9.18mで国内最大級の木像十一面観音立像を安置。康永元年(1342)に足利尊氏が金箔を施し補修したと伝わる。

境内の「海光庵」でひと休み

大きな窓から由比ヶ浜海岸を望む食事処。名物のお寺のカレー1100円や、大吉だんご1皿400円でひと息いれよう。
☎0467-23-8668 [MAP] P124A2

かんのんみゅーじあむ
観音ミュージアム

観音菩薩をテーマにした博物館。長谷寺の縁起や日本の観音信仰について解説。本尊の前立観音や室町期の作という三十三応現身像などの寺宝を拝観できる。

¥拝観別途300円 ●9〜16時
休無休(臨時休館日あり)

▼ロウソクの灯りを頼りにゆっくりと参拝

べんてんくつ
弁天窟
壁面に弁天様が浮かび上がる

弘法大師がこの窟にこもり修行したと伝えられる。洞窟内に弁天様と十六童子が見られる。

あみだどう
阿弥陀堂
頼朝ゆかりの阿弥陀様

源頼朝が自身の42歳の厄よけのために建立したと伝わる。鎌倉六阿弥陀の一つ。

◀厄除阿弥陀ともよばれている

観音菩薩の教えを学べる▶

鐘楼　かきがら稲荷　地蔵堂

阿弥陀堂

観音堂

観音ミュージアム

眺望散策路入口

経蔵

海光庵

弁天堂

長谷寺庭園　放生池

見晴台

妙智池

弁天窟

書院(写経会場)

大黒堂

寺務所

山門
入山受付・なごみショップ・てらやカフェ

江ノ電長谷駅へ→

なごみじぞう
和み地蔵
ほほえみに癒やされる

弁天窟そばにたたずむ、なんともいえない笑顔のお地蔵様。境内には三体の良縁地蔵もある。

▲なごみショップで和み地蔵グッズも販売

きょうぞう
経蔵
一切経が納められた書架

一回転すると一切経を読んだのと同じ功徳があるといわれる。正月三が日と毎月18日のみ回転可。

▲経蔵保護のために回転する日程が決められている

境内の眺望スポット

境内のビュースポットは、経蔵の裏にある階段を上る眺望散策路と、観音堂の先にある見晴台の2カ所。どちらからも天気がよければ由比ヶ浜海岸から遠く逗子・葉山まで一望できる。

 観音堂の一角に「一石一字経」があり、小石に経典の一文字を書くことができます(1個100円)。

素敵がいっぱいの大人エリアへ…
長谷から極楽寺へ歩きましょう

由比ガ浜大通り（→P76）とは長谷通りをはさんで反対方向の長谷〜極楽寺エリア。
落ち着いた雰囲気のエリアには寺社やこだわりのショップが点在しています。

ここに注目！
鳥居と江ノ電のコラボ
鳥居のすぐ脇に江ノ電の線路が！人気の撮影スポットになっている

うっそうとした木々と石造りの鳥居、江ノ電のコントラストを写真におさめて！

B

ごりょうじんじゃ
御霊神社

ゆっくり拝観 15分

Ⓐ 現在の本殿は大正時代に建立。境内にはほかにも小さな社が点在する Ⓑ 境内には「かながわの名木100選」に選ばれたタブノキもある

権五郎景正の武勇を伝える神社

平安時代後期に創建された、武勇で知られる鎌倉権五郎景正公を祭神とする神社。毎年、景正の命日である9月18日には面を付けて行列するユニークな「面掛行列」が行われ、県の無形文化財に指定されている。鳥居のすぐ前を江ノ電が走り抜ける光景が有名。

☎なし 住鎌倉市坂ノ下3 -17 ¥営休境内自由（宝蔵庫は¥拝観100円 営9時〜16時30分）Pなし 交江ノ電長谷駅から徒歩5分 MAP P124A2

御朱印＆お守りも

▶シンプルな社名と「景正公」の印が押された御朱印500円

糸巻きの形をした縁結び御守りはセットで500円

▼福面まん頭は全部で11種類。1個180円

ちからもちや
力餅家

▲上品な甘さで滑らかなこし餡がつきたての餅の上にのる権五郎力餅10個入り750円

江戸時代から愛される老舗

元禄年間（1688〜1704）から親しまれている伝統菓子の力餅を販売する老舗。力餅は創業当時から製法を変えず、保存料など不使用で食材の味を大切にして製造。御霊神社の神事「面掛行列」にちなんだ福面まん頭も人気。

☎0467-22-0513 住鎌倉市坂ノ下18-18 営9〜18時 休水曜、第3火曜 Pなし 交江ノ電長谷駅から徒歩5分 MAP P124A2

▼スープに鎌倉野菜のサラダ、ドリンクが付くベーグルサンドセット1350円〜（提供は〜14時30分）

◀存在感のある梁やレトロな照明がおしゃれな店内

なみまちべーぐる
なみまちベーグル

リノベカフェで手作りベーグルを

路地裏にある落ち着いた雰囲気のカフェは、築100年以上の古民家をリノベーション。北海道産小麦・はるゆたかを100%使用した手作りのベーグルは、季節限定フレーバーを含め30種類前後。テイクアウトもできる。

☎080-4578-7373 住鎌倉市坂ノ下19-12 営9時30分〜16時 休不定休 Pなし 交江ノ電長谷駅から徒歩5分 MAP P124A2

明治15年（1882）創業の「三留商店」は、厳選された食材が2000種類以上も並ぶ老舗。鎌倉を愛した映画スターや作家たちも足繁く通った確かな店で、オリジナルの調味料や、珍しい洋酒などをみやげに探すのもいい。
☎0467-22-0045 MAP P124A2

由比ガ浜・長谷 ● 長谷から極楽寺へ

Ⓐ本堂に安置されている本尊・不動明王の分身。縁結びにご利益があるとされている
Ⓑ煩悩の数と同じ108段の階段を上った先にある入母屋造の本堂
Ⓒ山門の近くには弘法大師行脚像もある

ここに注目！
ふどうみょうおうぞう
不動明王像
縁結びのご利益の由来は剣を持つ右腕の形が恋人と腕を組む姿に見えることから

じょうじゅいん
成就院
ゆっくり拝観 **30分**

厄除け&縁結びのパワースポット

弘法大師が諸国巡礼の際、100日間にわたり護摩供養を修行したと伝わる護摩檀跡。現在の寺は承久元年（1219）に北条泰時が創建。境内には文覚荒行像のレプリカのほか、仏敵を懲らしめ、人々を教えに導くという不動明王像が安置されている。
☎0467-22-3401 住鎌倉市極楽寺1-1-5 ¥拝観志納 ⏰8〜17時（11〜3月は〜16時30分）休無休 Pなし 交江ノ電極楽寺駅から徒歩5分 MAP P124A3

ここに注目！
さんもん
山門
厚い茅葺き屋根が印象的な山門は重厚感がある

Ⓐ山門の両脇には桜、山門前には夏に見頃を迎えるフヨウの木がある
Ⓑ極楽寺の最寄り駅である江ノ電の極楽寺駅は「関東の駅百選」にも選ばれている

あとりえぴっころ
アトリエピッコロ
写真家のアトリエでみやげ探し

「写真は愛しい日々のひとかけら」をコンセプトにした、写真家の鈴木さや香さんが営む。鎌倉の写真を中心に日常を切り取った写真を封筒やポストカードにしたアイテムがずらり。持ち込んだ写真でポチ袋作りなどもできる。
☎なし 住鎌倉市極楽寺2-1-21 ⏰11〜17時 休不定休（SNSを要確認）Pなし 交江ノ電極楽寺駅から徒歩2分 MAP P124A3

Ⓐ鈴木さんの作品が飾られているギャラリーのよう
Ⓑ極楽寺切通沿いにあるショップ
Ⓒフィルターメーカーと共同で開発したカメラ用フィルター・なつフィルター！ 690円〜
Ⓓ鎌倉を走る江ノ電の写真を使用した祝儀袋1000円〜

ごくらくじ
極楽寺
ゆっくり拝観 **30分**

医療や福祉の拠点でもあった寺

正元元年（1259）に北条義時の子・重時の創建、人民の救済に力を注いだ忍性上人開山と伝わる。最盛期は金堂、講堂、塔など多くの伽藍があり、医療・福祉施設の役割も担っていた。秘仏の本尊「清涼寺式釈迦如来立像」は国の重要文化財。

☎0467-22-3402 住鎌倉市極楽寺3-6-7 ¥無料（宝物殿は300円）⏰9時〜16時30分 休12月25〜31日（宝物殿は4月25日〜5月25日、10月25日〜11月25日の火・木・土・日曜のみ開館）Pなし 交江ノ電極楽寺駅から徒歩2分 MAP P124A3

📖 極楽寺駅左手にある「桜橋」は、トンネルから出てくる江ノ電を撮影できるベストスポット。

由比ガ浜大通りをぶらっと
お買い物さんぽしましょう

鎌倉駅から長谷まで続く由比ガ浜大通りには新旧の店が点在しています。
ぶらっと散策しながら逸品にふれ食べ歩きも楽しみましょう。

1 わこ
輪心

つながりの「輪」にこわだる店

バウムクーヘンを中心に多彩なスイーツが揃う店。沖縄県産の無漂白砂糖「本和香糖」や、県内産の卵など、こだわりの食材を使ったスイーツが揃う。店先にはベンチが備わり、買ったばかりのスイーツを味わえる。

☎0467-84-8745 住鎌倉市長谷1-16-12 ⏰12〜17時 休月・火曜 Pなし 交江ノ電長谷駅から徒歩5分 MAP P124A2

▲噛むほどに味わいが広がる焼ドーナツのわこまる各210円。レンジで温めて食べると格別!

▲賑やかな通り沿いにひっそりたたずむ専門店

◀定番の輪心バウム1個370円はおもたせに人気

▼店内はカウンター5席のみ

2 かんのんこーひーかまくら
KANNON COFFEE kamakura

鎌倉のご当地スイーツが話題

大通りから少し入った、静かなエリアにあるカフェでは、コーヒーとスイーツを提供。自家焙煎した香り高いコーヒーは、酸味がありスッキリと飲める。季節のフルーツを使った、和を感じられるクレープが看板商品。大仏型のビスケットをトッピングで!

☎0467-84-7898 住鎌倉市長谷3-10-29 ⏰10〜18時 休無休 Pなし 交ノ電長谷駅から徒歩3分 MAP P124A2

▲カフェラテ550円と定番商品のスコーン320円

▲季節のクレープ850円〜。大仏型ビスケットは130円

3 かまくらいとこ
鎌倉いとこ

散策の疲れを癒やすほどよい甘さ

長谷みやげの定番、かぼちゃきんつばの名店。上品な甘さのかぼちゃ餡の中に、しっとりと炊かれた北海道十勝産大納言小豆が入り、もっちり食感の薄衣をまとった逸品だ。食べ歩きにも、隣の茶房和甘で味わうのも絶好。

☎0467-24-6382 住鎌倉市長谷3-10-22 ⏰10時30分〜17時30分(茶房和甘は11〜17時) 休不定休 Pなし 交江ノ電長谷駅から徒歩3分 MAP P124A2

4 たいやきなみへい
たい焼きなみへい

一丁焼きの人気たい焼き

抹茶餡、黒ごま餡、焼き栗餡、つぶし餡、チョコ餡の5種類のたい焼きは、どれも焼きたてで食せる。焼きピロシキやベーグルなど天然酵母のパンも個性派揃い。

☎0467-24-7900 住鎌倉市長谷1-8-10 ⏰10〜18時 休月曜 Pなし 交江ノ電由比ヶ浜駅から徒歩3分 MAP P124A2

◀たい焼き240円は一つ一つ手焼きしている

▶パリッと焼き上がった薄皮と甘さ抑えめの餡が特徴

▶なみへいベーカリー一部の焼きピロシキ290円も人気

↑鎌倉大仏へ

長谷通り

◎鎌倉いとこ
カフェ和甘

長谷観音前

←長谷寺へ

↓江ノ電長谷駅へ

▲カスタードや抹茶などのおしるこプリン1個550円

江ノ
由比ヶ浜駅

▶かぼちゃきんつばのほか抹茶、芋、生チョコなど全13種類あり、1個250円〜

▼黄色の看板が目印。店頭できんつばを焼く様子が見える

▶リプルブッダ・モノトーン3個セット4400円

6 こけーしかかまくら
コケーシカ鎌倉

日本とロシアの伝統が融合

東北6県で作られるこけしと、ロシアの伝統玩具であるマトリョーシカを扱う雑貨店。一点ものが多いので迷わず即買いを。

☎0467-23-6917 住鎌倉市長谷1-2-15
⏰11～18時 休火～木曜、土・日曜（臨時営業あり）
Pなし 交江ノ電由比ヶ浜駅から徒歩5分
MAP P124B2

▼こちらのハンカチ各605円も鎌倉らしいリプルブッダ柄

▲休みが多い店なので訪れる前に電話で確認を！

7 ぱんとえすぷれっそと ゆいがはましょうてん
パンとエスプレッソと 由比ガ浜商店

人気のムーとシラスのマリアージュ

酒店だった古民家を使った人気のカフェ。東京・表参道でも話題トースト・ムーに、鎌倉の名産であるシラスをたっぷりのせたムーしらすトーストセット1400円が看板メニュー。季節限定のスイーツも要チェック。

☎0467-73-8755 住鎌倉市由比ガ浜1-10-5 ⏰8時～18時30分LO 休無休 Pなし 交江ノ電和田塚駅から徒歩2分 MAP P124B1

▶ラベとドリンクが付く

▶右はオペラ645円、左はパトリ オランジュ645円

8 ぐらんでぃーる　あんさんぶる
Grandir Ensemble

食材の味が生きたスイーツ

季節感を大切にしたフランス菓子をベースにしたスイーツを製造・販売。シェフは東京の有名パティスリーで修業を積んでおり、確かな味を提供。マカロンなどもある。

☎0467-38-5725 住鎌倉市由比ガ浜1-1-30 ⏰10～19時（日曜、祝日は～19時） 休月曜、火曜不定休 Pなし 交JR鎌倉駅西口から徒歩5分 MAP P124B1

▲丁寧な手仕事が光るケーキがずらりと並ぶ

六地蔵

由比ガ浜大通り

▶錫ちろり2万6730円（右）と銅ぐい呑み4950円（下）

5 かまくらせいがどう
鎌倉清雅堂

職人の技で作られたモダンな器

銅や錫などで作られた酒器や茶道具、工芸品が並ぶ。一つ一つ職人が手作りした一点ものばかりで、飽きることのないデザインがうれしい。銅の器は使うほどに艶が出て味わい深くなっていく。

☎0467-23-6121 住鎌倉市長谷2-5-39 ⏰10～18時 休水曜 Pなし 交江ノ電由比ヶ浜から徒歩3分 MAP P124A2

▼銅を高温で熱して茜色に変色させた茶さじ2860円

▲ギャラリーのようなモダンな店

9 まる
MAR

手になじむ日常雑貨たち

やさしい雰囲気の店内には、和食にも洋食にも合う食器類や、ステーショナリー、洋服、アクセサリーなど普段使いできる雑貨が並ぶ。順次新しいアイテムが入荷されるので、何度でも訪れたい店だ。

▶多用途の真鍮製プラスセーフティピン6個入り1320円

▶シンプルなデザインのレザーミニバッグ2万1780円

▶「普段使いできるいいもの」をセレクト

☎0467-24-6108 住鎌倉市由比ガ浜2-5-1 ⏰11～18時 休無休 Pなし 交JR鎌倉駅から徒歩7分 MAP P124B1

由比ガ浜大通りは和田塚～由比ヶ浜の旧商店街と、由比ヶ浜～長谷の新店が多いエリアに大きく分けられます。

鎌倉駅へ→
→江ノ電和田塚駅へ

由比ガ浜・長谷周辺は
おしゃれランチ&カフェ集中エリアです

鎌倉の人気エリアの一つ、由比ガ浜・長谷には洗練された名店が点在。
心地いい潮風とともに、おしゃれなランチやカフェ時間を過ごしましょう♪

◎ ランチBコース
3000円
メインやデザートなどコース内容は日替わり。写真はもち豚スペアリブソテー

◎ ランチCコース
2400円
内容は日替わりで、写真の前菜は自家製ハムやカブのポタージュ盛合せ

◎ 季節の麻心御膳
2000円
メイン料理と小鉢、五穀米、味噌汁が付く、体にやさしい御膳

`長谷`
れすとらん わたべ
レストラン ワタベ

清楚な古民家で正統フレンチを

鎌倉野菜や地元漁港をはじめ全国の旬の食材を仕入れ、本格的なフランス料理を手頃な価格で提供する人気店。

☎0467-22-8680 住鎌倉市坂ノ下1-1 ⏰11時30分〜14時LO、17時30分〜20時LO 休火曜、ほか臨時休あり（祝日の場合は営業） P提携あり 交江ノ電長谷駅から徒歩2分 MAP P124A2

クラシックショコラなど日替わりで提供するデザートも楽しみ

`長谷`
えっせるんが
ESSELUNGA

食材の味を生かしたイタリアン

イタリア各地を訪れたシェフが作る料理は、美しい盛りつけと日本人の感覚に合う味わいが特徴だ。

☎0467-24-3007 住鎌倉市長谷1-14-26 ⏰11時30分〜14時LO、17時30分〜20時LO 休不定休 Pなし 交江ノ電長谷駅から徒歩5分 MAP P124A2

ランチCコースの2種から選べる日替りパスタ

`長谷`
かふぇあんどばー まごころ
Cafe&Bar 麻心

自然食×麻がテーマのカフェ

目の前に湘南の海が広がる絶景店。旬の野菜や滋養に富む穀物、自家製発酵食品などを使ったメニューを提供。

☎0467-39-5639 住鎌倉市長谷2-8-11 2F ⏰11時30分〜20時 休月曜（祝日の場合は営業） Pなし 交江ノ電長谷駅から徒歩5分 MAP P124A2

ヘンプバーグ1350円（左）と、生チョコタルト750円なども人気

アートな空間で
のんびり楽しむ
カフェタイム♪

東京藝術大学の藤村龍至研究室がリノベーションした古民家カフェ「蕪珈琲」。コーヒー550円〜はブレンドのほか、シングルオリジンが10種類程度。各種スイーツや、だし巻玉子サンド600円（写真）なども提供している。
☎080-8478-7394 **MAP** P124A2

◉ ケーキNo.4 ◉
626円
ビターショコラ、ゲランドの塩、アーモンド生地。相性抜群の抹茶とのセット1375円

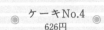

◉ ケーキセット ◉
1100円
プルーンが入ったタルトのプラウメントーチェヒェンとコーヒーのセット

◉ カップケーキ ◉
280円〜
季節のカップケーキを各種用意。シラスなど地元食材を使った変わり種も

長谷
おかしぜろよんろくなな
OKASHI0467
洗練されたケーキを古民家で
シンプルなデザインのケーキを、坪庭のある茶室のような店内でゆっくりと。
☎0467-25-0753 住鎌倉市長谷1-11-21 ⏰11〜18時（季節により変動あり。テイクアウトは10時30分〜19時）休火曜 Pなし 交江ノ電長谷駅から徒歩6分 **MAP** P124A2

長谷
べるぐふぇるど はせ
Bergfeld 長谷
ドイツのパンとケーキを味わう
噛むほどに口に味わいが広がるドイツパンを販売するベーカリー。焼き菓子や生菓子も豊富に揃い、休憩に最適。
☎0467-24-9843 住鎌倉市長谷2-13-47 ⏰11〜17時 休月・火曜 Pなし 交江ノ電長谷駅から徒歩3分 **MAP** P124A2

長谷
かっぷす かまくら
CUPS kamakura
リノベカフェで米粉のケーキを
米粉を使用したカップケーキやピザ、ラップサンドなど、厳選した食材のグルテンフリーメニューを提供する。
☎0467-67-4633 住鎌倉市長谷2-7-22 ⏰10〜18時（変動あり）休水曜（祝日の場合は翌平日）、ほか臨時休あり Pなし 交江ノ電長谷駅から徒歩5分 **MAP** P124A2

ガトー（カラメル・いちじく）1944円など焼き菓子も販売

キャラウェイシードと岩塩がトッピングされた塩ツノ175円

フレッシュラズベリーソーダ600円などドリンクメニューも豊富

由比ガ浜・長谷周辺の古民家で過ごす至福の時間

鎌倉には古い建物をリノベーションした店が点在しています。
町並みに溶け込むように立ち、ゆったりとした時間を過ごせます。

江ノ電沿いに立つ古民家。昼時はいっぱいになるので早めに訪れて

由比ガ浜

さぼう そらはな
茶房 空花

本格派和膳を和モダン茶房で

鎌倉の四季を感じられる庭園のある古民家をモダンな空間にリノベーション。ゆったりとテーブルを配した店内では、旬の地元野菜を使用した創作和食などを提供。季節限定で登場する、かき氷などのスイーツも見逃せない！

☎0467-55-9522 住鎌倉市由比ガ浜2-7-12-22 ⏰11時30分～22時 休不定休 Pなし 交江ノ電和田塚駅から徒歩2分 MAP P124B1

自然の中でゆっくりと時間を過ごせる隠れ家的な店

茶房膳
3520円
籠に入った季節のおかずは全部で6品。旬を感じる膳をぜひ注文したい
※写真はイメージ

暑い時期限定提供するかき氷は、毎年フレーバーが変わる

長谷

ぼー たん
Beau Temps

本格フレンチを自然派ワインと

築90年以上の古民家を改装した木の香漂うビストロ。湘南豚や地魚など旬の食材を使用したランチとともに、自然派ワイン1杯990円～もぜひ味わいたい。夜はおまかせコース3850円～のほか、アラカルトでもオーダー可能。

☎0467-40-6172 住鎌倉市長谷1-14-26 ⏰11時30分～13時30分LO、17時30分～22時LO 休不定休 Pなし 交江ノ電長谷駅から徒歩5分 MAP P124A2

プリフィクスランチ
2200円～
選べるメインに前菜、自家製パンが付くコース。写真は湘南豚肩ロースのハーブロースト

店内は八ヶ岳の家具デザイナーによる木の香漂う設え

夜の一品

シャリキュトリー盛合せ
1人前1100円
（写真は2人前）
自家製ハムやムースがワインと絶妙にマッチ

アンティーク家具に囲まれた店内でスパイスカレーを

大阪発の人気スパイスカレー専門店「旧ヤム邸かまくら荘」の店内は、アンティーク家具や雑貨が置かれた独特の世界観が広がる。鎌倉野菜を使用した今月のカレー&a&bは1500円。
☎0467-22-0526 **MAP** P124A2

坂ノ下
かふぇ るせっとかまくら

café recette鎌倉

絶品パンスイーツをモダン空間で

鎌倉のデザイン会社「ATTA」がリノベーションを手掛けた、古材の温かみを感じるモダンな店内が特徴。店自慢の食パンに平飼い卵と牛乳を使って作るフレンチトーストが評判。東京で有名なベーカリー直営店だけあり、パンのうまさが光る。

☎0467-38-5700 **住**鎌倉市坂ノ下22-5 **時**9時30分～17時(土・日曜、祝日は8時30分～)**休**火曜(祝日の場合は変更あり)**P**なし **交**江ノ電長谷駅から徒歩5分 **MAP** P124A2

江戸期築の古民家の木材を使用して大正時代に建てられた古民家をベースにした店

究極のフレンチトースト1540円
ローストアーモンド、ピスタチオなどがのる

東京・世田谷にある高級パン専門店recetteの直営店

坂ノ下
てぬぐいかふぇいちげや

てぬぐいカフェー花屋

座敷に広がる手ぬぐいショップとカフェ

住宅街の一角にある築90年以上の古民家をリノベーションしたカフェは、我が家のようにくつろげる空間。地元農家から直接仕入れる野菜を使用したカレーやおむすびなどのランチセットを提供。100種類以上の手ぬぐい1100円～も販売している。

☎0467-24-9232 **住**鎌倉市坂ノ下18-5 **時**10時30分～17時LO **休**火・水曜 **P**なし **交**江ノ電長谷駅から徒歩6分 **MAP** P124A2

広い和室にちゃぶ台が置かれている店内

季節の野菜と酒粕カレー1650円
酒粕を加え酸味のあるまろやかなヘルシーカレー。ドリンクorデザート付き

もう一品

冷たい抹茶オレ715円
京都小山園の抹茶を使用した人気メニュー

由比ガ浜
むしんあん

無心庵

江ノ電沿いに立つ甘味処

庭のすぐそばを江ノ電が走り、鎌倉らしいロケーションを満喫できる。築100年を超える民家を利用し、門扉などにも懐かしさを感じる。豆のうま味を生かしたメニューの中では、豆かん600円が定番。北海道産の豆を使い、ほどよい塩気と甘みが絶妙。

☎0467-23-0850 **住**鎌倉市由比ガ浜3-2-13 **時**10～17時 **休**木曜(祝日の場合は営業) **P**なし **交**江ノ電和田塚駅からすぐ **MAP** P124B1

店内は畳スペースのほか奥に椅子も配している

クリームあん豆かん700円
特注の館を使用し豆のうま味を引き出した人気メニュー。お茶付き

もう一品

黒ごまきな粉800円
ヘルシー志向の女性に評判。きな粉と黒ゴマの相性抜群

 由比ガ浜大通りから長谷駅までは小さな店が軒を連ね、ぶらりさんぽには格好のスポットです。

ココにも行きたい

由比ガ浜・長谷周辺のおすすめスポット

こうそくじ
🌲 光則寺

季節の花が咲き誇る花の寺

文永11年（1274）頃、北条時頼の家臣・宿屋光則が、日蓮聖人に帰依し創立したといわれる。境内には樹齢約250年のカイドウをはじめ、桜や山アジサイなど四季折々に花が咲く。本堂の裏手には日蓮聖人の弟子、日朗上人が幽閉されていた土牢も現存する。**DATA** ☎0467-22-2077 🏠鎌倉市長谷3-9-7 💴拝観100円 🕐8～17時 休無休 🅿なし 🚉江ノ電長谷駅から徒歩6分 **MAP** P124A2

かまくらそうさくわがし てまり
🍡 鎌倉創作和菓子 手毬

季節の和菓子の手作り体験

アートな和菓子を創る和菓子作家・御園井裕子さんのアトリエ。繊細な和菓子作り教室は1回1時間程度、2900円で実施（変更予定あり、要予約）。道具はすべて貸出してくれるので、手ぶらで和菓子作り体験ができると話題だ。1回の教室で3つ作れる。**DATA** ☎0467-33-4525 🏠鎌倉市坂ノ下28-35 🕐水・金・日曜の10時～、14時～ 休月・火・木曜 🅿なし 🚉江ノ電長谷駅から徒歩8分 **MAP** P124A3

うーふかれー
🍴 woof curry

コクのあるマイルドなカレー

長谷の町並みにとけ込むシンプルモダンなカレーショップ。店主自慢のカレーは6種類揃っており、スペシャルカレー1500円や、野菜カレー1500円などが人気。4日間かけて仕込むルーはまろやかな味わいで、ヘルシーなので女性にも好評。個性の光る味をぜひ。**DATA** ☎0467-25-6916 🏠鎌倉市長谷2-10-39 🕐11～21時 休水曜 🅿なし 🚉江ノ電長谷駅から徒歩5分 **MAP** P124A2

つるや
🍴 つるや

文豪たちも通ったウナギの名店

作家・川端康成をはじめ、鎌倉の文人たちが足しげく通ったという老舗。昭和30年代に改築された建物はレトロな趣だ。うなぎは注文が入ってからさばき、じっくり蒸してから備長炭で焼き上げている。うな重（写真）は2970円～。**DATA** ☎0467-22-0727 🏠鎌倉市由比ガ浜3-3-27 🕐11時30分～19時 休火曜（祝日の場合は営業）🅿3台 🚉江ノ電和田塚駅から徒歩1分 **MAP** P124B1

ぐっど めろーず
🍴 good mellows

炭火で焼いた絶品バーガー

海に面した国道沿いにあるバーガー店。注文を受けてから炭火で焼くパティは、ジューシーで炭の香りがリッチな気分に。ピクルスや野菜、こだわりのソースをたっぷりはさんでできあがり！ボリューム満点のグルメバーガー1450円～で腹ごしらえ。**DATA** ☎0467-24-9655 🏠鎌倉市坂ノ下27-39 🕐10時30分～18時30分 休火曜、ほか臨時休あり 🅿3台 🚉江ノ電長谷駅から徒歩5分 **MAP** P124A3

ちゃらまり
🍜 #cha-LaMari

ドライフラワーに囲まれてランチ

50種500本ほどのドライフラワーが飾られた店内では、手作りのスイーツと、クリームソーダなどのドリンクを提供。ランチの食事メニューはサラダやラペなどが入る野菜中心のプレート1050円。店内に飾られたドライフラワーやスワッグ2000円～は購入可能。**DATA** ☎0467-50-0866 🏠鎌倉市長谷1-14-19 🕐11時30分～16時ごろ 休不定休 🅿なし 🚉江ノ電長谷駅から徒歩4分 **MAP** P124A2

こすずわらびもちくら
🛍 こ寿々わらび餅蔵

わらび粉の香りを感じる逸品

希少な国産のわらび粉を使って作る、プルプルで弾力抜群のわらび餅の専門店。工場ですべて手作りされるわらび餅は、保存料など不使用。一人食べきりサイズのプチ432円、小箱（9切れ入り）972円、大箱（14切れ入り）1296円の3サイズを用意。**DATA** ☎0467-25-2182 🏠鎌倉市由比ガ浜3-3-25 🕐10～18時（時期により変動あり）休無休 🅿なし 🚉江ノ電和田塚駅から徒歩2分 **MAP** P124B1

はなみせんべいあづまや
🛍 花見煎餅吾妻屋

地元で愛される和菓子店

明治37年（1904）の創業当時から、変わらず愛され続けている老舗。名物は店名にちなんだ吾妻まんじゅう（こしあん）160円。そのほかにも、由比の長者団子1個160円（写真）も人気で、団子のまわりにきな粉をまぶした素朴な味わいの生菓子だ。**DATA** ☎0467-22-2600 🏠鎌倉市由比ガ浜3-3-23 🕐8時30分～19時30分 休月曜 🅿なし 🚉江ノ電和田塚駅から徒歩3分 **MAP** P124B1

かまくらまめやはせほんてん
🛍 鎌倉まめや長谷本店

自然の味が生きている豆菓子

厳選された食材を使い、バラエティ豊かな豆菓子を販売している。店内には70種類以上の豆菓子がずらり。黒糖やカレー、マヨネーズなどさまざまな味を試食して選ぶことができる。2階にはギャラリーを併設し、創作活動の発表の場としても利用されている。**DATA** ☎0120-39-5402 🏠鎌倉市長谷2-14-16 🕐10～18時 休無休 🅿なし 🚉江ノ電長谷駅から徒歩1分 **MAP** P124A2

ハイカラな香りあふれる
鎌倉が生んだ文学と映画

土地の魅力に引かれ、多くの文化人が移り住んだ鎌倉。
作家や映画人のたちの足跡をたどってみましょう。

作家
鎌倉文士たち

歴史小説家の永井路子や、女流画家の小倉遊亀など、感性豊かな女性たちに愛された鎌倉の風土。この風土にあこがれ、鎌倉に暮らした作家や文化人は数多い。風光明媚で温暖な土地柄は、戦前から保養地として文化人に好まれ、明治時代には夏目漱石や島崎藤村が逗留し、大正時代には芥川龍之介もここ鎌倉に住んだ。

明治22年（1889）に東海道線の支線として横須賀線が開業すると、都心から多くの作家たちが移り住み、昭和初期にかけて里見弴、大佛次郎、小林秀雄、川端康成、永井龍男、久保田万太郎など、昭和の文壇を席巻した個性豊かな作家たちが次々と居を構えた。

彼らは互いに交流を深め、久米正雄が初代会長となって「鎌倉ペンクラブ」を設立。また自分たちの蔵書を集めた貸本屋「鎌倉文庫」を開業、さらには鎌倉ゆかりの著名人を講師とする「鎌倉アカデミア」の開校に尽力するなど、独特の鎌倉文化を花開かせた。今も、旧大佛次郎邸の黒塀前の小径や、長谷の甘縄神明神社近くの川端康成邸の瀟洒な佇まいなどに、古きよき鎌倉の匂いを感じることができるだろう。

光明寺境内に鎌倉アカデミアの碑が残る

三島由紀夫も『春の雪』取材のため旧前田侯爵家別邸（現・鎌倉文学館）を訪れた

文学作品
鎌倉が舞台

鎌倉独特の山に囲まれた静寂さや緑豊かな自然、そして古くは万葉集にも登場し、鎌倉幕府開幕から800年に及ぶ歴史は、作家たちに大きなインスピレーションを与え、多くの名作の舞台にもなっている。

夏目漱石の『門』は円覚寺塔頭のひとつ帰源院が舞台。帰源院には漱石の「仏性は白き桔梗にこそあらめ」の句碑が立つ。太宰治は22歳の時、江ノ島近くの小動岬で心中事件を起こし女性だけが亡くなった。その顛末から『道化の華』が生まれた。川端康成は鎌倉の自宅周辺の長谷の自然を『山の音』に描き、立原正秋は鎌倉宮で行われる幽玄の舞台を『薪能』として世に送り出した。里見弴の『安城家の兄弟』には七里ヶ浜が、永井龍男の『秋』には瑞泉寺が登場する。また、永井路子は鎌倉を舞台にした数多くの歴史小説を世に出し、武家の世や中世の女性たちを描いてきた。直木賞を受賞した『炎環』には釈迦堂口の切通しが登場する。

映画
作品と映画人

鎌倉と切っても切れない文化が映画にまつわるもの。かつて松竹大船撮影所があったこともあり、戦前から多くの映画が鎌倉で撮られてきた。『愛染かつら』『君の名は』など昭和映画史に残る名作も多い。

もっとも鎌倉とゆかりが深いのが小津安二郎だろう。代表作『東京物語』のほか、鎌倉を舞台にした『晩春』『麦秋』など、日本人の持つ美しい所作や慎み深い会話が、緑濃い鎌倉の風景とよくとけ合っている。小津は晩年の10年ほどを北鎌倉の浄智寺そばで暮らし、墓は円覚寺の境内にある。墓碑に「無」とだけ刻まれているのが印象的だ。

小町通りを1本入ったところには、鎌倉を愛し、映画の発展に大きく貢献した川喜多長政・かしこ夫妻の旧宅跡に鎌倉市川喜多映画記念館が設立され、鎌倉における映画文化の発信拠点になっている。映画のほかにもドラマやCM、プロモーションビデオなど数々の映像に鎌倉が起用されている。

鎌倉ゆかりの作家の資料などを展示する、鎌倉文学館（2026年度まで改修のため休館）

コトコト江ノ電に乗って
海街さんぽにでかけよう

▲行先表示版のイラスト
は約30種あるそう

鎌倉の街並みや海など変化に富んだ車窓風景が魅力の江ノ電沿線。
潮風を感じながら、ふらり途中下車をしてみるのもおすすめです。

町と海の風景に溶け込んだ
ローカルな電車

藤沢〜鎌倉間の約10kmを37分ほどかけてゆっくりと
走る江ノ電は、全国的にも人気のローカル線。時には
併用起動の路面を走り、時には民家や社寺を車窓間
近に進む、そんな多彩な車窓点描が魅力だ。なかでも
相模湾の海景色が楽しめる稲村ヶ崎〜腰越間は江ノ
電のハイライト。ぜひ途中下車して潮風に吹かれよう。
周辺に点在する絶景自慢のレストランやカフェ、古民
家をリノベーションしたショップなども訪ねてみたい。

❶国道134号線と並行して海沿いを走る鎌倉高校前〜腰越間 ❷梅雨時にはアジサイの花が咲く鎌倉駅ホーム
❸運転席の真後ろはいつも人気 ❹赤いポストがアクセントの極楽寺駅

駅舎にも注目！

JR鎌倉駅と直結した江ノ電
の駅舎は鎌倉駅西口側にあ
る。三角屋根の駅舎は昭和
56年（1981）の完成。レトロ
な佇まいにも注目しよう。

◀御霊神社（→P74）
の鳥居越しの江ノ電
はゴールデンショット

❶腰越周辺では路面を走る ❷極楽洞は江ノ電で唯一のトンネル ❸鎌倉高校前駅のプラットホームに立てば海が目の前に開けている

稲村ヶ崎駅
りちゃーど る ぶーらんじぇ

RICHARD LE BOULANGER

長時間発酵させたパンは しっとりソフトな口あたり

ハワイのビーチハウスをイメージした手作りのベーカリー、カフェ。自家製パンのチーズバーガーやコッペパン、ホットサンドなどが人気。アメリカンマフィンなどの焼き菓子もある。

☎090-6705-0007 住鎌倉市稲村ガ崎3-3-25 ◷9〜18時（土・日曜、祝日は8時〜）休火・水曜 Pなし 交江ノ電稲村ヶ崎駅から徒歩1分 MAP P85

◀しらすと2種類のチーズのしらすチーズコッペパン500円

▶できたてチーズバーガー1570円を店内で頬張ろう

▲店内18席、テラス席6席のカフェも併設されている

稲村ヶ崎駅
あーる あんてぃーくす

R antiques

趣のある古道具や骨董品 お気に入りが見つかるかも

江ノ電沿いにある懐かしさの残る古民家に入ると、古いスツールやテーブル、陶磁器やガラスなどが並んでいる。縁側から太陽が降り注ぐ店内で、じっくりと骨董品と向き合おう。

☎0467-23-6172 住鎌倉市稲村ガ崎3-7-14 ◷12〜17時 休月・火曜 Pなし 交江ノ電稲村ヶ崎駅から徒歩4分 MAP P85

▲築100年の古民家がショップに

▶アンティークなミニチェア6000円はお手頃価格

江ノ電沿線●コトコト江ノ電で海街さんぽ

海がすぐ前 車と並んで走る

ホーム目の前は海！江の島を見ながら江ノ電は走る

寺に近い静かな駅。この辺りまでが緑の多い区間

北鎌倉へ↑

片瀬山駅

湘南モノレール

西鎌倉駅

鎌倉高校前

満福寺

越

●Windera Cafe 七里ヶ浜店 P.86
●ESPRESSO D WORKS 七里ヶ浜店 P.88

七里ヶ浜

モアナマカイ珊瑚礁
Ristorante AMALFI
P.88 P.86 AMALFI DOLCE
Double Doors 七里ヶ浜店
P.89 P.86 Pacific DRIVE-IN

相模湾

P.85 RICHARD LE BOULANGER
P.91 池田丸 稲村ヶ崎店

R antiques P.85

行合橋

七里ガ浜

鎌倉プリンスホテル P.112

稲村ヶ崎

稲村ヶ崎駅入口

鎌倉市

高徳院（鎌倉大仏）
・鎌倉文学館

光則寺

長谷寺

御霊神社

極楽寺

成就院

坂ノ下

鎌倉

和田塚

由比ヶ浜

長谷

由比ヶ浜4

由比ガ浜

滑川

滑川橋

材木座海岸

134

逗子へ↓

JR横須賀線

N

500m

葉山へ↓

ヨリドコロ P.91

鎌倉海浜公園

鎌倉パークホテル P.112

砂浜が広がり、海の眺望が素晴らしい

The Sunrise Shack Inamura Beach & Park P.89

©鎌倉市観光協会

❶ロケ地で有名な七高通り ❷鎌倉高校前駅から江の島を望む

うぃんでら かふぇ
しちりがはまてん

Windera Cafe 七里ヶ浜店

シーサイドカフェで 江ノ電×ビーチの絶景を

スキレットで調理・提供されるメニューを七里ヶ浜の海岸線で食べられるカフェ。国道と江ノ電の線路にはさまれた商業施設内にあるため、人気のテラス席では、真横を江ノ電が走るロケーションで食事ができると話題。

☎0467-73-7118 住鎌倉市七里ガ浜1-4-11トライアングル七里ヶ浜1階-A ◐10～21時 休無休 P7台(有料) 交江ノ電七里ヶ浜駅から徒歩3分 MAP P85

▲ボリューム満点のナイアガラチーズバーガー1800円

▲船型の建物なので船首部分は、江ノ電ビューと七里ヶ浜ビューを同時に楽しめる特等席

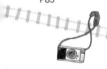

❶国道からも目立つ鎌倉高校前駅 ❷満福寺門前の踏切

あまるふぃい どるちぇ

AMALFI DOLCE

鎌倉にちなんだスイーツやみやげ用の焼き菓子も充実

七里ヶ浜駅近くの人気ドルチェ店。焼き菓子10種類以上、生菓子約12種類が揃う。サクサクのパイ生地に自家製カスタードクリームがたっぷり入ったNAGISAシュークリーム290円のほか、南イタリアのデザート、デリツィアリモーネ486円も人気。

☎0467-38-1911 住鎌倉市七里ガ浜東1-3-14 ◐10～19時 休無休 P提携あり 交江ノ電七里ヶ浜駅から徒歩2分 MAP P85

▲店内にはテラスやイートインスペースもある

▶七里サブレ1枚129円は塩とレモン風味のさっくりしたホームメイドサブレ

ぱしふぃっく どらいぶいん

Pacific DRIVE-IN

江の島と富士山が望める絶景ドライブインカフェ

本場ハワイの味を再現した、プレートランチやパンケーキを店内やテラス席で満喫。一部メニューを除いてテイクアウトOKなので海辺で頬張るのもいい。店内ではトートバックやマグカップなど、ここでしか買えないオリジナル商品も販売しており、人気がある。

☎0467-32-9777 住鎌倉市七里ガ浜東2-1-12 ◐8～19時LO※季節により変動あり 休不定休 P370台(有料) 交江ノ電七里ヶ浜駅から徒歩3分 MAP P85

▲海が目の前。天気の良い日はぜひ40席あるテラス席へ

▲ホイップクリームが絶妙のバターミルクパンケーキ1320円

▶ボリュームたっぷりのガーリックシュリンププレート1590円も定評

乗るだけでも楽しい江ノ電の 知っておきたいミニ知識

鎌倉～藤沢間をコトコト走るかわいい電車・江ノ電。
鎌倉観光に欠かせない存在の電車のいろいろを知れば、楽しさも倍増です。

はじまりはいつ？

明治35年（1902）9月に景勝地・江の島への遊覧を見込んで日本でも6番目の電気鉄道として、藤沢～片瀬（現在の江ノ島）間に開業したのが始まり。その後、七里ヶ浜、極楽寺と延長を重ね、明治43年（1910）に藤沢～小町間まで開業。さらに昭和24年（1949）に小町からJR鎌倉駅西口に移動して現在の姿となった。今では日中は14分間隔で運行される、観光路線としても高い人気を誇る電車だ。

江ノ電散策におすすめ！

江ノ電1日乗車券「のりおりくん」800円
江ノ電全区間が1日乗り降り自由になるほか、観光施設やレストランなどの割引特典も付く。全駅の発券機または、オンラインで購入可能。

どんな車両が走っているの？　個性あふれる車両揃い。その一部をご紹介。

●10形
平成9年（1997）に江ノ電開通95周年を記念して登場した車両。外装は欧州の電車を思わせる色調とレトロなデザイン。内装は落ち着いた木目調。

●300形
昭和31年（1956）に登場した江ノ電車両の最古参。バス窓や木の床、ロングシートの座席などが往時を彷彿させる。現在残るのは2両編成のみの貴重な車両。

●1000形
昭和54年（1979）にデビュー、古びた電車の印象が強かった江ノ電のイメージを一新した。以後形式を変えて増備され、江ノ電の"顔"となる主力車両に。

●2000形
平成2年（1990）にデビュー、大きな正面ガラス窓を採用した近代的デザインが特徴。運転台の後ろにある展望席は、子どもはもとより大人にも人気がある。

おみやげにイチオシ！ 江ノ電グッズ

江ノ電 ステンレスボトル 1650円
江ノ電300形のフロント部分がプリントされた、江ノ電カラーのボトル。340mlで氷ストッパー付きなので使いやすさも◎。

江ノ電電車缶 1080円
現役最古参の江ノ電車両300形がモチーフの電車缶は小物入れになり、ファン必携。2種類の絵柄の瓦せんべい20枚入り。

江ノ電クッキー 700円
江ノ電のイラストがプリントされたロングセラーの王道江ノ電みやげ。バラマキ用のみやげにも。16枚入り。

ココでゲット

ことのいち鎌倉
鎌倉みやげが集結し、ここでしか買えない江ノ電グッズも。（→P12）☎非公開 住鎌倉市御成町1-12 時10～19時（変動あり）休無休 Pなし 交江ノ電鎌倉駅構内(乗車券または入場券が必要) MAP P125C3

江ノ電沿線 ● コトコト江ノ電で海街さんぽ／【ふむふむコラム】江ノ電のミニ知識

湘南の美味しい時間を
海辺の特等席で過ごそう

長谷〜七里ガ浜の国道134号沿いは潮風が心地いいビュースポット♪
グルメ&カフェの特等席では贅沢な時間が流れます。

これもオススメ
注文を受けてから焼く七里
ヶ浜パンケーキ1848円はこ
の店限定のメニュー

+
ランチコース
2980円
鮮魚のソテー地
中海風のメインと、
前菜盛合せ。内容
は季節で変動
※写真はイメージ

+
EDWブレック
ファースト
1980円
トリュフオムレツ、ベーコ
ンが付く朝食。カフェラ
テ460円と一緒に

これも人気
コースのデザートも季節
によって変わる

七里ガ浜
りすとらんて あまるふぃい
Ristorante AMALFI
地の食材を生かしたイタリアン

七里ガ浜の海を眺めながら、その日水揚げされた新鮮な魚
介や鎌倉・三浦の野菜を使った南イタリア風の料理を味わ
える。ランチコースは、パスタ・肉・魚を好みでセレクト。

☎0467-39-1151 🏠鎌倉市七里ガ浜1-4-8 🕚11時30分〜14時
45分LO、17〜21時LO（土・日曜、祝日は11〜21時LO）休無休 P24
台 🚃江ノ電七里ヶ浜駅から徒歩3分 MAP P120B3

七里ガ浜
えすぷれっそ でぃー わーくす しちりがはまてん
ESPRESSO D WORKS 七里ヶ浜店
ルーフトップで極上のカフェラテを

七里ヶ浜と江の島を一望できるルーフトップテラスがある、
ニューヨークスタイルのエスプレッソカフェ。ふわふわ食感
のパンケーキやオムレツなどが人気がある。

☎090-7874-9572 🏠鎌倉市七里ヶ浜1-4-11 トライアングル七
里ヶ浜2階-B 🕚8〜20時（ルーフトップの利用は10時〜）休不定
休 Pなし 🚃江ノ電七里ヶ浜駅から徒歩3分 MAP P120B3

テラス越しに海の音を聞きながらゆっくりと時間を過ごせる

ルーフトップにはビーチベッドのようなシートも

ハワイで人気！アサイーボウルとスムージーを

サーファーの街、ハワイのノースショアに1号店のある「The Sunrise Shack Inamura Beach & Park」。ビーチフロントのハワイアンな店では、アサイーボウルやブルードリームボウル各1300円（写真）を食べられる。
☎090-4071-1173 MAP P120B3

✛ アボカド和牛チーズ
ハンバーグ
デミグラスソース
1900円
ランチは十六穀米、ミニサラダ、ドリンク付き。ソースは3週間ごとに変わる

これもオススメ →
果実とドライフルーツが入ったアイスクリームココナッツ750円

← これもオススメ

濃厚なチョコレートを感じるブラウニー&バニラアイスクリームsmall700円

✛ 野菜のカレー
1500円
彩り鮮やかな野菜が生きたカレー。キウイジュース850円と一緒に

【七里ガ浜】
だぶるどあーず しちりがはまてん

Double Doors 七里ヶ浜店

潮風を感じながらのんびりランチタイム

全面ガラス張りで、海沿いには湘南の海を一望できるテラス席がある全席シュービューのレストラン。ズワイガニのトマトクリームパスタ2250円やピザのほか、和牛100%を使用しストウブでじっくり煮込んだハンバーグが人気。
☎0467-33-1593 🏠鎌倉市七里ガ浜東2-2-2 🕐11〜22時 🈲無休 🅿提携駐車場あり 🚉江ノ電七里ヶ浜駅から徒歩3分 MAP P120B3

素朴なアンティーク家具が置かれた広々としたスペース

【七里ガ浜】
もあなまかい さんごしょう

モアナマカイ 珊瑚礁

行列必至のカレーを堪能

1986年のオープン以来、自家調合のスパイスを使った濃厚なルーが特徴のカレーが評判で、連日行列が絶えない人気店。海沿いの国道134号線にあり南国ムードが漂う。
☎0467-31-5040 🏠鎌倉市七里ガ浜1-3-22 🕐10時30分〜14時30分LO、16時30分〜20時LO 🈲木曜（祝日の場合は翌日）🅿36台 🚉江ノ電七里ヶ浜駅から徒歩3分 MAP P120B3

全席オーシャンビュー。頭上には貝殻のシャンデリアが

📖 休日ともなると海沿いの道は大渋滞！江ノ電を使ってのんびり訪れるのが正解です。

海の幸たっぷりの
湘南お魚グルメに大満足

相模湾沿いに広がるエリアだからもちろん海の幸は豊富です。
丼や創作料理など、湘南の海を丸ごといただきます！

新鮮です

おまかせBセット（つみれ汁大）
3300円
イワシ、季節の白身、アナゴなどのにぎり8貫

七里ガ浜
おさかなてい
お魚亭

繊細なイワシのおいしさを再発見

腰越でイワシが大量に水揚げされてい
た40年以上前から、この地でイワシを
中心にした寿司や海鮮料理を提供し続
けている店。寿司のほか、イワシのつみ
れを大葉ではさんだつみれの大葉揚げ
なども人気の一皿だ。

☎0467-31-9890 🏠鎌倉市七里ガ浜東3-1-
9 🕐11時30分〜14時、17〜21時 🚫木曜、第2
水曜 🅿10台 🚃江ノ電稲村ヶ崎駅から循環バ
スで桜プロムナード入口下車、徒歩1分
MAP P120B3

地元七里ガ浜でもリピーター
が多い人気の和食店

これも人気

つみれの大葉揚げ
レモンをギュッと搾って味
わいたいおまかせコース
の一皿

つみれの吸い物
おまかせコースに付くふんわり
した口あたりのつみれが絶妙

腰越
しらすや
しらすや

多彩なシラス料理を味わう

シラス料理を得意とした網元直営のレ
ストラン。生シラスと釜揚げシラスの二
色丼1100円ほか、シラス料理が20種
以上も揃う。季節の刺身864円〜など
日替わりメニューも充実。

☎0467-33-0363 🏠鎌倉市腰越2-10-13
🕐11〜21時LO 🚫木曜 🅿10台 🚃江ノ電腰越
駅から徒歩3分 MAP P120A3

これも人気

しらすづくし定食
に付く旬の生シラ
スもおすすめ

店内には水揚げされた鮮魚が
泳ぐイケスもある。

しらすづくし定食
1980円
シラスのかき揚げ、た
たみいわし、ちりめん
佃煮などが付く

海鮮BBQを
シービューサイトで
楽しむぜいたく

江の島に渡る橋の手前にある「カフェ＆バー ヘミングウェイ江ノ島 リバーサイド会場」では、海鮮をはじめ手ぶらでBBQを楽しめる。海鮮＆ステーキBBQプランは、1人5700円。ハマグリやカキ、牛肉のステーキなどと飲み放題が付く。
☎0120-997-659 MAP P120A3

稲村ガ崎
よりどころ
ヨリドコロ

うま味凝縮！干物定食が絶品

全国から厳選された、天日干し無添加の干物を中心にした定食を、古民家を再利用した店内でいただける。こだわり卵220円を追加して、たまごかけご飯にするのもおすすめ。江ノ電の線路沿いに立っているので、窓を向いたカウンター席は、目の前を江ノ電が駆け抜ける特等席だ。朝から江ノ電を眺めながら和定食を。

☎0467-40-5737 住鎌倉市稲村ガ崎1-12-16 ⏰7時～17時15分LO 休火曜 Pなし 交江ノ電稲村ヶ崎駅から徒歩2分 MAP P120B3

干物定食（塩さば）1730円
干物に、麦味噌と米味噌の味噌汁、ごはん、小鉢などが付く

江ノ電好きにはたまらない店。線路に面した席は人気が高い

稲村ガ崎
いけだまる いなむらがさきてん
池田丸 稲村ヶ崎店

朝獲れの地魚料理を堪能

店が所有する漁船で水揚げした魚や、鎌倉沖の定置網漁師から直接買い付けた新鮮な魚介料理が味わえると地元でも太鼓判の店。いちおしはスズキやハナダイなどその日に揚った地魚の刺身定食。サクサクの食感と抜群の風味が楽しめるシラスのかき揚げをはじめ生シラス（3～12月）、釜揚げシラスなどが付く、しらす定食も人気。

☎0467-61-2424 住鎌倉市稲村ガ崎3-5-17 ⏰11時30分～20時LO 休不定休 P12台 交江ノ電稲村ヶ崎駅から徒歩2分 MAP P120B3

刺身定食1920円
日替わりの刺身4種に釜揚げシラス、栄養素豊かでネバネバ食感の海藻・アカモクの小鉢付き

これも人気
しらす定食 1640円
シラス三昧が楽しめアカモクも付く

大きな窓の外には広大な腰越の海を望めるロケーション

片瀬海岸
わたつみ
WATATSUMI

海を見ながら海鮮三昧！

ゆったりと海を眺めながら、海鮮丼や、神奈川ブランド「ちがさき牛」を使ったメニューを楽しめる。江の島で獲れたシラスは、入荷状況によっては生で提供。時期を合わせて訪れて。そのほか、仕入れ状況によって内容が変わるWATATSUMI丼2585円は、オーナーが自ら食材を仕入れるこだわり。

☎0466-53-7400 住藤沢市片瀬海岸1-11-15 ⏰11時30分～15時（食材がなくなり次第終了）、18～21時（予約制）休不定休 Pなし 交江ノ電江ノ島駅から徒歩6分 MAP P120A3

ダブルしらす丼1250円
生シラスが入荷した時にだけ登場する即完必須の人気メニュー

絶好のロケーションで新鮮な海鮮三昧を楽しみたい！

江ノ電沿線 ● 湘南お魚グルメ

📖 生シラスが食べられるのは、禁漁期（1～3月）以外なので、覚えておきましょう。

高級住宅地・鎌倉山にある
セレブ御用達の名店

もともと別荘地として開拓された鎌倉山は高級感あふれる閑静なエリア。
多くの著名人や食通を魅了してきた極上の味が今なお健在です。

鎌倉山
ろーすとびーふのみせ かまくらやま ほんてん
ローストビーフの店 鎌倉山 本店

低温でじっくり焼き上げたローストビーフ

鎌倉山の豊かな自然に包まれた有名店。塩とコショウのみでシンプルにローストし、肉のうま味を引き出したローストビーフは、コンソメ味のグレービーソース、またはガーリック醤油の和風ソースどちらかをチョイス。昼のコースは8800円と1万1000円の2コース。ほかにメインのローストビーフをヒレ肉かロース肉から選べるおまかせランチ1万5400円もある。お出かけ前に要予約。

☎0467-31-5454 🏠鎌倉市鎌倉山3-11-1
🕐11時30分〜14時LO、17時30分〜20時LO
🈺無休 🅿15台 🚃JR鎌倉駅から車で15分
MAP P120B2

和牛のローストビーフと新鮮な魚介類を使ったオードブル。お昼のBコース1万1000円

選べるデザート

7種類ほどのデザートをワゴンサービスで切り分けてくれる

お食事は鎌倉山で！

シェフたちが目の前で切り分けるローストビーフを鎌倉山の大自然とともにお楽しみください（料理長）

《これもオススメ》※サービス料別
昼のAコース	8800円
おまかせランチ	1万5400円
ブイヤベースコース	2万1450円

広いダイニングルームは落ち着いた大人の空間

会席料理の技が光る天ぷらや小鉢、旬の果物が付く蕎麦定食2750円

《これもオススメ》
おせいろ	1100円
天せいろ	1900円
会席「山椒」コース	7150円

おみやげに

檑亭オリジナルの羊羹は蕎麦味と抹茶味の2種類あり各1300円

ステンドグラスを配した予約客だけが使える2階ロビー

鎌倉山
らいてい
檑亭

庭園散策も愉しみな極上そば処

富士山や相模湾を望む、約5万㎡の回遊式庭園に立つのは、江戸時代の豪農の屋敷を移転・改築した重厚な本館。1階では北海道十勝産のそば粉を使った手切りのそば、2階では会席料理を堪能できる。

☎0467-32-5656 🏠鎌倉市鎌倉山3-1-1
🕐11時〜20時30分（17時以降は予約制、蕎麦処は16時まで）🈺7月最後の月〜木曜 🅿17台
🚃JR鎌倉駅から車で13分 MAP P120B2

もうひとつのお楽しみは
相模湾に浮かぶ江の島観光

湘南の町、鎌倉と藤沢を結んで、
海辺、人家や寺社の軒先をかすめて走る
江ノ電に乗って、江の島を訪ねると、
また違った魅力が広がります。

これしよう！
江の島名物といえば
シラス丼で決まり

とれたての生シラス、ふっくらと炊いた釜あげシラス、どちらも魅力。(→P100)

これしよう！
洞窟を歩いて
探検隊の気分

江の島岩屋（→P99）では、ほの暗くて神秘的な洞窟内を探索できる。

これしよう！
昼と夜の景色を
比べてみて

江の島シーキャンドル（展望灯台）(→P98)。夕景もライトアップも見ごたえあり。

湘南を見渡す弁天様が待つ島へ

江の島

えのしま

食材にこだわる
店も点在している

鎌倉の西側に浮かぶ周囲4kmの島。伝説によれば悪龍・五頭龍を改心させた天女が舞い降りた島だという。江戸時代から物見遊山の名所だった江島神社は今では縁結びのパワースポットとして人気。江の島サムエル・コッキング苑や龍恋の鐘など新旧のみどころが点在。起伏に富んだ島歩きは、履き慣れた靴で楽しんで。

access

●鎌倉から
鎌倉駅から江ノ島電鉄で江ノ島駅まで約28分。藤沢駅から約13分

●片瀬江ノ島へ
新宿駅から小田急線特急「えのしま」で約1時間6分

問合せ
☎0466-22-4141
藤沢市観光センター
☎0466-24-4141
片瀬江の島観光案内所
広域MAP P120A3

～江の島おさんぽマップ～

江の島

鵠沼海岸駅へ
湘南海岸公園駅へ
目白山下駅へ
西浜公園
常立寺
宝善院
腰越小
湘南モノレール
湘南江の島
法源寺
龍口寺
霊鷲寺
江ノ島
湘南白百合学園小
本行寺
本蓮寺
東漸寺
片瀬江ノ島
腰越
勧行寺
妙典寺
ファミリーマート
本成寺
弁天橋
浄泉寺
満福寺
片瀬東浜海水浴場
藤沢市観光センター
片瀬橋
片瀬江の島観光案内所
腰越漁港
小動神社

天王祭で知られる江島神社の境内社
7月中旬、腰越にある小動神社へと勇壮な神輿の海上渡御を。

6 しらす問屋とびっちょ江の島本店（→P100）

中津宮は華やかな権現造の社殿
元禄2年（1689）に再建された中津宮には極彩色の彫刻も！

突然現れる龍にびっくり
江の島岩屋の第2岩屋では、迫力ある龍のオブジェが。

江の島弁天橋
江の島大橋
2 江の島サムエル・コッキング苑（→P98）
江の島アイランドスパ
江の島ヨットハーバー
3 中村屋羊羹店（→P98）
延命寺
児玉神社
1 江島神社辺津宮（→P97）
ヨットハウス
八坂神社
江島神社中津宮
江の島シーキャンドル（展望灯台）
江島神社奥津宮
江の島大師
小田急ヨットクラブ

4 稚児ヶ淵（→P99）
5 江の島岩屋（→P99）

0 200m N

観光のヒント
島内の起伏は工夫して回避しよう
江の島は意外なほど起伏に富んでいるので、江の島エスカー360円を組み合わせて歩くなど、体力に合わせて楽しんで。

鎌倉高校前駅へ

おすすめコースは
5時間10分

歩行者専用の江の島弁天橋（大橋）を渡り、青銅の鳥居をくぐれば江島神社参道の弁財天仲見世通り。昔ながらの商店が並び散策が楽しい。江の島岩屋からは往路を戻る。階段や坂道が多いので足元に注意。

スタート → 1 拝観 → 2 見学 → 3 買い物 → 4 見学 → 5 見学 → 6 食べる → ゴール

江ノ電 江ノ島駅 → 徒歩20分 → 江島神社辺津宮 → 徒歩10分 → 江の島サムエル・コッキング苑 → 徒歩5分 → 中村屋羊羹店 → 徒歩10分 → 稚児ヶ淵 → 徒歩3分 → 江の島岩屋 → 徒歩35分 → しらす問屋とびっちょ江の島本店 → 徒歩15分 → 小田急 片瀬江ノ島駅

95

絶景と運気アップのパワースポット
江島神社にお参りしましょう

江の島弁天橋（大橋）を渡れば、そこはもう賑やかな参道。
辺津宮、中津宮、奥津宮の三社をめぐれば、身も心も洗われた気分になります。

▲辺津宮の社殿。ご祈祷はここで行われる

えのしまじんじゃ
江島神社

絵のように美しい島に祀られた
三女神をお参りしよう

宗像三女神という三柱の女神が辺津宮、中津宮、奥津宮に分かれて鎮座し、三社を総称して江島神社という。海上交通の平安を守護する三女神だが、金運や財運にもご利益があるとされている。安芸の宮島、近江の竹生島と並ぶ日本三大弁財天として信仰を集め、今では縁結びのパワースポットとして人気がある。

☎0466-22-4020 🏠藤沢市江の島2-3-8 ⏰休参拝自由（奉安殿のみ拝観200円）、⏱8時30分〜17時）Pなし 🚃江ノ電江ノ島駅から徒歩20分 MAP P97

▲相模湾に突き出た江の島は「絵の島」と呼ばれる風光明媚な島

╭─ エスカーでラクラクお参り ─╮

「江の島エスカー」は高低差46mを3連で結ぶ上り専用の屋外エスカレーター。江の島頂上へ徒歩では10分のところを5分360円で上れる。9時〜19時5分。
☎0466-23-2444（江ノ島遊園事務所）

おすすめルート

 ① 江ノ電江ノ島駅 → **②** 朱の鳥居 → **③** 辺津宮 → **④** 中津宮 → **⑤** 奥津宮 → **⑥** 龍宮

ぐるっと回って **60分**

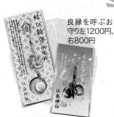

良縁を呼ぶお守り左1200円、右800円

高周波音が心身を浄化してくれる水琴窟もチェック!

水琴窟
すいきんくつ

中津宮社殿脇の庭園内にある水琴窟。心身を清め、運気を招くという聖なる音色を聴こう。水琴窟の水にさらすと文字が浮かびあがる開運水みくじ100円。庭園拝観は9～16時で入園無料。閉園は早まることもあるので注意を。

中津宮
なかつみや

商人、芸人たちの信仰を集める神社

仁寿3年（853）に創建し、元禄2年（1689）に権現造の社殿が再建された。祭神の市寸島比賣命は音楽や芸能の守護神として信仰を集める。艶やかな朱塗りの社殿、拝殿格天井の花鳥図や極彩色の彫刻がみごと。

1 鮮やかな朱塗りの社殿は海の見晴らしがいい高台に建つ 2 江戸歌舞伎関係者が奉納した石燈籠も

龍宮
わだつみのみや

龍神のパワースポットとして人気

江の島の天女に恋して改心後は村人の安寧のために働いたという五頭龍伝説、龍神信仰にちなんで平成5年に建立。岩屋の真上にあたる場所に立つ。ご祭神は龍神大神。

▲毎年9月9日には龍神例祭を斎行

辺津宮
へつのみや

源実朝が創建した江島神社の本社

江の島の入口から最も近いお宮で、田寸津比賣命を祀っている。建永元年（1206）に源実朝が創建。現在の権現造の社殿は、昭和51年（1976）に改修されたもの。八角形の奉安殿には"裸弁天"と呼ばれる琵琶を奏でる妙音弁財天と、八臂弁財天が安置されている。

奥津宮
おくつのみや

どこから見てもこちらを睨む亀

多紀理比賣命を祀る。入母屋造の社殿は天保13年（1842）の再建。源頼朝寄進の石鳥居があり、拝殿天井画の「八方睨みの亀」は江戸時代の絵師酒井抱一作として有名。

▶本宮が岩屋に創建された当時は本尊を海水から守る御旅所となった

1 勝運を授かる神、八臂弁財天 2 妙音弁財天は音楽・芸能の神として知られる 3 2つの弁財天像を安置する八角堂の奉安殿

▲実物は非公開だが、画家片岡華陽による復元画が掛かる

「八坂神社」は建速須佐之男命を祀る江島神社の末社。毎年7月に行われる天王祭は湘南を代表する夏祭りです。（→P95）MAP P97

おさんぽ感覚で楽しむ 江の島名所めぐり

半日

店舗が軒を連ねる
弁財天仲見世通り

かつて絵の島とも書かれた、絶景と新旧の観光スポット満載の島。
参拝を兼ねて津々浦々まで歩いて回るのが江の島の醍醐味です。

スタート！

江島神社
辺津宮
P97

徒歩
10分

📷 えのしまさむえる・こっきんぐえん
江の島 サムエル・コッキング苑

キャンドル型の展望灯台は 江の島のランドマーク

英国人貿易商サムエル・コッキングが明治中期に造築した庭園の跡。苑内は四季折々の花が咲き、温室の遺構がある。海抜約100mの展望灯台からの眺めも見事。ショップなどもある。

☎0466-23-2444 🏠藤沢市江の島2-3-28 💰17時までは入苑無料、17時以降は入苑500円。展望灯台は500円 🕐9〜20時（最終入場は19時30分） 休無休 ℙなし 🚃電江ノ島駅から徒歩25分 MAP P99

①江の島シーキャンドル（展望灯台）から片瀬対岸を望む ②光のイベント「湘南の宝石」は11月下旬〜2月中旬に開催 ③江の島シーキャンドル（展望灯台）

徒歩
2分

江島神社
中津宮
P97

徒歩
5分

磯の香薫る江の島名物は休憩にも
みやげ選びにも最適

🛍 なかむらやようかんてん
中村屋羊羹店

磯の香りが広がる海苔羊羹の和菓子店

明治35年（1902）創業。看板商品の海苔羊羹は、白餡に青海苔を練り込んだもので、磯の風味と甘さが絶妙にマッチ。元祖海苔羊羹は1棹ミニ500円、極小250円。店内の喫茶室では、4種の羊羹セットや羊羹クリームチーズサンド各680円を飲み物付きでいただける。

☎0466-22-4214 🏠藤沢市江の島2-5-25 🕐10〜18時（天候などにより変動） 休不定休 ℙなし 🚃電江ノ島駅から徒歩35分 MAP P99

絶景カフェでひとやすみ

いる きゃんてぃ かふぇ えのしま
iL CHIANTI CAFE 江の島

昼もサンセットも忘れ難い美しさ 地元産食材を積極的に取り入れたメニューが約100種類も揃うカフェ。食事のほか、イタリアンジェラートなどスイーツも充実。大海原が一望できるテラス席はもちろん、店内からもオレンジ色に染まる夕景が楽しめる。

☎0466-86-7758 🏠藤沢市江の島2-4-15 🕐11〜20時LO 休無休 ℙなし 🚃電江ノ島駅から徒歩25分 MAP P99

▲シラスがたっぷり味わえる
しらすピザ(M)1562円

ろんかふぇ
LONCAFE

テラス席から湘南の海岸を一望 江の島サムエル・コッキング苑内にあるフレンチトーストの専門店。外はカリッと、中はとろりとした食感が絶品のフレンチトーストメニューは10種類以上あり、ドリンクセットだと1375円〜楽しめる。

☎0466-28-3636 🏠藤沢市江の島2-3-28江の島サムエル・コッキング苑内 🕐11〜20時（土・日曜、祝日は10時〜） 休不定休 ℙなし 🚃電江ノ島駅から徒歩25分 MAP P99

▲濃厚クリームブリュレフレンチトースト1628円（ドリンクセット）

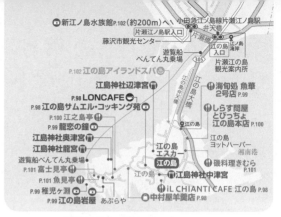

新江ノ島水族館P.102（約200m）へ↑
小田急江ノ島線片瀬江ノ島駅↑
片瀬江ノ島駅入口
弁天橋
藤沢市観光センター
遊覧船
べんてん丸乗場
P.102 江の島アイランドスパ
海旬処
魚華
2号店 P.99
江島神社辺津宮 P.98
P.98 LONCAFE
P.98 江の島サムエル・コッキング苑
しらす問屋
とびっちょ
江の島本店 P.100
P.100 江之島亭
P.99 龍恋の鐘
江島神社奥津宮
江の島
ヨットハーバー 湘南港
江島神社龍宮
江の島
エスカー
江の島
遊覧船べんてん丸乗場
P.101 富士見亭
磯料理きむら P.101
P.101 魚見亭
江島神社中津宮
P.99 稚児ヶ淵
あぶらや
IL CHIANTI CAFE 江の島 P.98
P.99 江の島岩屋
中村屋羊羹店 P.98

① 風光明媚な岩場は磯釣りの名所でもある ② 江の島弁天橋入口〜稚児ヶ淵へ遊覧船べんてん丸（400円、10〜16時ごろ）で直接アクセスすることもできる

ちごがふち
稚児ヶ淵

悲恋伝説がまつわる景勝地

波の浸食と隆起が造った海食台地。晴天なら富士山や伊豆半島まで一望でき、特に夕景の美しさは有名で、「かながわの景勝50選」にも指定。昔、鎌倉相承院の稚児・白菊が修行僧との悲恋によって、ここから身を投げたという逸話がその名の由来だとされる。

☎0466-22-4141（藤沢市観光センター）⑭藤沢市江の島¥⊙休見学自由（荒天時立ち入り不可）Pなし交江ノ電江ノ島駅から徒歩45分 MAP P99

徒歩3分

① 第一・第二岩屋があり、堂内にはさまざまな石造物やオブジェが。写真は第一岩屋の八臂弁財天坐像 ② 断崖絶壁や洞窟に通路が整備されている

えのしまいわや
江の島岩屋

波の浸食でできた神秘的な洞窟を探索

波の浸食によってできた洞窟で、弘法大師・空海や日蓮聖人も修行したという江の島信仰発祥の地。龍神伝説にちなんだ驚きの演出もあり。

☎0466-22-4141（藤沢市観光センター）⑭藤沢市江の島2 ¥入場500円 ⊙9〜17時（季節やイベントにより延長あり）休無休（荒天時は臨時休業あり）事前に要問合せ Pなし交江ノ電江ノ島駅から徒歩45分 MAP P99

徒歩30分

徒歩5分

ゴール！

りゅうれんのかね
龍恋の鐘

伝説にあやかり愛を誓う

相模湾を見下ろす「恋人の丘」に立つカップルに人気の聖地。2人で鐘を鳴らし、連名を記した南京錠をフェンスに付ければ永遠の愛が叶うという。江島縁起「天女と結ばれた五頭龍伝説」にちなむモニュメント。

☎0466-22-4141（藤沢市観光センター）⑭藤沢市江の島2-5龍野ヶ岡自然の森 ¥⊙休見学自由 Pなし交江ノ電江ノ島駅から徒歩40分 MAP P99

▲南京錠は龍恋の鐘に向かう林道入口にある「あぶらや」で販売。500円

かいしゅんどころ うおはなにごうてん
海旬処 魚華2号店

16種類も揃う丼ものから好きなものをチョイスして！

新鮮な魚介をさまざまな調理法で提供する人気店。生と釜揚げの2種類のシラスと、ネギトロが一緒になった丼や、しらす石焼ビビンバ丼2080円など16種類の丼ものメニューを用意。

☎0466-52-6354 ⑭藤沢市江の島1-3-6 ⊙11〜20時（季節により変動あり）休木曜 Pなし交江ノ電江ノ島駅から徒歩15分 MAP P99

①・②3階にはテラス席もある ③3つの味を一度に食べられる、ぜいたくな三色丼1600円

徒歩5分

江島神社
奥津宮
P97

徒歩7分

鮮度抜群の海の幸が
宝石のような丼になりました

地元ならではの湘南の海の幸をたっぷり盛り付けた海鮮丼。
シラスやサザエの食感や味わいを存分に堪能しましょう。

とびっちょ丼 2380円
つややかなネタが美しく盛られ
ている。岩のりの味噌汁付き

しらすどんや とびっちょ えのしまほんてん
しらす問屋 とびっちょ 江の島本店

魚介のオールスターが勢揃い

名物のとびっちょ丼はイクラ、本マグロ
など10種類ものネタが盛られた豪快な
丼。ご飯の周りには千切りの野菜が敷
かれ、魚介とともにサラダ感覚で食べら
れる。シラスにこだわり、丼やかき揚げ、
茶碗蒸し、さらにパンやアイスなど驚き
のシラスメニューが揃っている。

☎0466-23-0041 🏠藤沢市江の島1-6-7
🕐11〜20時LO 休無休 Pなし 交江ノ電江ノ
島駅から徒歩18分 MAP P99

ゆったりとした店内2階

これも人気

**生しらす&
釜揚げしらす寿司
2貫580円**
食感も味わいも違う2種類の
シラスを味わえる

シラスってどんな魚？

主にイワシの稚魚のことをシラスとよぶ。骨
ごと食べられるため栄養価が高く、特にカル
シウムが豊富。あっさりとした味わいでどんな
料理にもあう万能選手だ。

えのしまてい
江之島亭

刺身&とろろの相性抜群

創業100余年の老舗磯料理店。江の島
の高台にあり、映画やドラマの撮影にも
利用されるほどの絶景を望める食事処。
江之島亭まかない丼はマグロやカンパ
チ、イカなどぶつ切りの刺身と釜揚げシ
ラスがたっぷり盛られた一品。彩りがよ
く味わいも格別！

☎0466-22-9111 🏠藤沢市江の島2-6-5
🕐10時30分〜日没後1時間で閉店 休不定休
Pなし 交江ノ電江ノ島駅から徒歩40分
MAP P99

キラー品

**鯵なめろう
1320円**
地物のアジに味噌、
薬味を入れてタタキ
にしている

水平線を眺めながらくつろげる

**江之島亭
まかない丼
1370円**
刺身とシラスの上から、
さらにとろろをかけて味わう

名物の生シラスは禁漁期間は食べられません！

江の島にある食事処のほとんどがシラス丼の看板を掲げるほど、「シラス」は江の島の名物。なかでも貴重な生シラスは必食。悪天候で船が出ない場合や1月1日〜3月中旬の禁漁期間は食べられないので注意。釜揚げは食べられる。

江の島
うおみてい
魚見亭

卵の中から大粒のサザエが

店内からは真っ青な相模湾を見下ろせ晴天時、伊豆大島や箱根、富士山まで一望できる日もある。海にせり出したテラス席は海風が心地よく、なんとも気持ちがいい。江の島丼はサザエ1個を使用し、秘伝の割下で卵とじにしている。とろけるような卵と、サザエのコリコリとした食感がたまらない。

☎0466-22-4456 🏠藤沢市江の島2-5-7 🕙10〜17時LO（季節により変動あり）休荒天時 Pなし 交江ノ電江ノ島駅から徒歩30分 MAP P99

江の島丼　990円
ほんのり甘い割下にサザエとタマネギがよく合う

鯵のタタキ
1320円
水揚げされたばかりのアジをたっぷりのショウガで味わおう

明るく開放的な店内

江の島
ふじみてい
富士見亭

シラスをシンプルに味わう

江島神社から江の島を上った場合、一番奥、稚児ヶ淵へ降りる階段の手前にある店。店名の通り、晴れた日には海越しの富士山を望める絶景が自慢の食事処だ。シンプルにシラスの味を楽しめる釜揚げしらす丼のほか、アジのたたき定食1600円や、サザエの丸焼き1100円などが人気。

☎0466-22-4334 🏠藤沢市江の島2-5-5 🕙10時〜日没LO 休不定休 Pなし 交江ノ電江ノ島駅から徒歩40分 MAP P99

釜揚げシラス丼　1250円
水揚げされたばかりのシラスを高温の釜で一気に焚いているのでうま味が凝縮！

いかの丸焼き
1300円
プリプリ食感が人気。半身焼き700円もある

店内からも絶景を楽しめる

江の島
いそりょうりきむら
磯料理きむら

リピーターが支える隠れた名店

島内東側の奥まった場所にあるため、落ち着いて食事ができる穴場的な店。店内に大きなイケスがあり、近海の魚介やシラスを使った料理に定評がある。ハーフ＆ハーフしらす丼はご飯の上に釜揚げシラスと、生シラスが敷き詰められたユニークな丼だ。

☎0466-22-6813 🏠藤沢市江の島1-6-21 🕙12〜20時（18時以降は要電話確認）休不定休 P2台 交江ノ電江ノ島駅から徒歩25分 MAP P99

ハーフ＆ハーフしらす丼　1180円
しっとりとした生シラスと、釜揚げシラスの違いを楽しんで。不漁や禁漁時は釜揚げしらす丼に

磯魚煮付け
2200円〜
甘辛く煮付けた魚はコクがありご飯に合う

不思議と落ち着く2階の座敷席

📖 明治24年（1891）創業の「江之島亭」のテラス席からは鵠沼海浜公園や富士山を一望できます。

ロケーション抜群の新江ノ島水族館で海の生き物に癒やされよう

"えのすい"の愛称で親しまれる水族館。
幻想的なクラゲの球型水槽やイルカショーは必見です。

📷 しんえのしますいぞくかん　新江ノ島水族館

相模湾ならではの迫力満点大水槽と海原をバックに開催するショーは必見！

江の島に渡る橋の手前にあり、富士山と江の島の両方を望める絶好のロケーションを誇る水族館。相模湾の自然をテーマにした「相模湾大水槽」では、約8000匹のイワシなど、100種2万匹の魚が泳ぎ迫力満点。ほかにも、幻想的なクラゲの展示空間「クラゲファンタジーホール」やウミガメを間近に観察できる「ウミガメの浜辺」、イルカショーなど、みどころが満載。

☎0466-29-9960 住藤沢市片瀬海岸2-19-1 ¥入館2500円 ◷9〜17時（12〜2月は10時〜、季節により変動あり、最終入館は各1時間前）休無休 交江ノ電江ノ島駅から徒歩10分または、小田急江ノ島線片瀬江ノ島駅から徒歩3分 MAP P120A3

◀波を発生させ、自然の環境に近付けた相模湾大水槽。マイワシ約8000匹の大群は圧巻！ ▶魚たちとトリーターのダイビングショー「うおゴコロ」は1日2回、約15分

◀南米の東岸を中心に分布する根口クラゲの仲間、キャノンボールジェリー。ぽこぽこと活発に泳ぐ姿に魅せられる

❶海を見晴らす「イルカショースタジアム」。バンドウイルカによるショーの内容は定期的に変わるので、公式サイトなどで開催内容の確認を ❷小川や岩場、巣穴を配した「木漏れ日のオアシス」には遊び好きで手先の器用なコツメカワウソが。カワウソ類では最小種 ❸湘南の特産品であるシラスを展示。衝撃に弱く展示が難しいイワシは、館内で累代繁殖しているので常設での展示が可能になっている

🌿 島内にもある！ 癒やしのスポット

えのしまあいらんどすぱ　江の島アイランドスパ

絶景と天然温泉＆グルメが楽しめる日帰り温浴施設「えのすぱ」

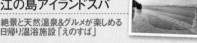

天然温泉「富士海湯」と、水着で入る男女共用・11種類のスパプール、トリートメントスパが揃う。入館なしで利用できるレストランでは絶景とともに絶品料理が楽しめる。

☎0466-29-0688 住藤沢市江の島2-1-6 ¥入館3000円 ◷7〜21時（最終入館は21時※一部施設により異なる 休無休（メンテナンス休館あり）Pなし（島内の公共駐車場利用）交江ノ電江ノ島駅から徒歩14分 MAP P120A3 ※未就学児は入館不可。小学生は同性の保護者同伴で入館可（日曜は不可）

▲レストランで人気の本日のお魚料理は2420円 ※写真はイメージ
◀男女別の大浴場「富士美湯（ふじみゆ）」。源泉を使用した「高温湯」、高濃度炭酸泉（人工）

ココにも行きたい

江の島周辺のおすすめスポット

じょうりゅうじ
常立寺

春の訪れを告げる枝垂れ梅

鎌倉時代、元から幕府に服属を促す5人の使者がやってきたが、8代執権北条時宗はこの5人を斬首にした。境内には使者を弔うための五輪塔があり「元使五人塚」とよばれている。また枝垂れ梅の名所としても知られ、見頃を迎える初春には多くの花見客が訪れる。**DATA** ☎非公開 **住**藤沢市片瀬3-14-3 **¥**拝観無料 **⏰**境内自由 **P**なし **交**江ノ島駅から徒歩5分 **MAP**P120A3

りゅうこうじ
龍口寺

神奈川県唯一の木造五重塔が立つ寺

かつての龍口刑場跡に立つ日蓮宗の本山。鎌倉幕府の怒りをかい、斬首の刑にされることになった。しかし処刑の直前に江の島方面から光の玉が飛んで来たため、九死に一生を得たのだという。境内では、神奈川県下では唯一の五重塔を見学できる。**DATA** ☎0466-25-7357 **住**藤沢市片瀬3-13-37 **¥**拝観無料 **⏰**9〜16時 **休**無休 **P**なし **交**江ノ電江ノ島駅から徒歩3分 **MAP**P120A3

ふじなみ
藤浪

鮮度抜群&ガッツリな量が人気

新鮮な魚介を食べ慣れている地元の人も、鮮度のよさを絶賛する人気店。メニューは港で毎朝仕入れるネタを使用しているので変動。板前の確かな目利きで仕入れる、鮮魚を2種類選んで自分好みの丼にできる二品丼1800円が人気。**DATA** ☎0466-27-9863 **住**藤沢市江の島1-3-19 **⏰**11時〜17時30分（土・日曜11時〜18時30分） **休**不定休 **P**なし **交**江ノ電江ノ島駅から徒歩15分 **MAP**P120A3

えのしまこや
江ノ島小屋

全国丼グランプリ金賞受賞のまかない丼

片瀬漁港をはじめ全国各地から直送される魚介を使った、丼や一品料理が評判。一番人気は数種類の鮮魚を使ったなめろうが、たっぷりと盛られたまかない丼1680円（写真）。上にのった1枚海苔は、切って散らしても、手巻き風にしてもお好み次第で自由に食して。**DATA** ☎0466-29-5875 **住**藤沢市片瀬海岸2-20-12江ノ島小屋1階 **⏰**8〜19時LO **休**不定休 **P**なし **交**江ノ電江ノ島駅から徒歩5分 **MAP**P120A3

全国丼グランプリ海鮮丼部門9年連続金賞受賞

江の島を目の前に望む海辺のテラス席

かふぇ まどぅ えのしまてん
Café Madu 江の島店

高台のカフェでスイーツタイム

江の島の急こう配を登り切った先の高台にあるカフェ。テラス席はもちろん、店内からも大きな窓越しに湘南の海を一望。地元食材を使った食事メニューのほか、ベリーと小豆ホイップが好相性のクレープ&あずき1100円も。**DATA** ☎0466-41-9550 **住**藤沢市江の島2-6-6 **⏰**11〜18時（土・日曜、祝日は10〜19時。季節により変動あり） **休**不定休 **P**なし **交**江ノ電江ノ島駅から徒歩30分 **MAP**P120A3

えのしまぷりん
江の島プリン

厳選食材&健康志向のおしゃれプリン

大麦をローストして石臼で挽いた「麦こがし」を使い、ヘルシーに仕上げるプリンは、滑らかでやさしい味。江の島プリン390円や灯台プリン オルゾ600円など定番が5種類と、季節限定のフレーバーが登場。売切れ必至なので早めに訪れて。**DATA** ☎0466-52-7433 **住**藤沢市片瀬海岸1-11-27 **⏰**10〜17時（夏期は〜17時30分） **休**火曜 **P**裏に提携駐車場あり **交**江ノ電江ノ島駅から徒歩4分 **MAP**P120A3

しまかふぇ えのまる
しまカフェ 江のまる

レトロな空間でホッと一息

大正時代築の日本家屋をリノベーションした店。柱や梁などはそのままに、鎌倉市内の古民家で使われていたガラス戸を再利用するなど、雰囲気作りを徹底。レトロ&モダンな空間で、江のまるスペシャルスイーツ825円も。和雑貨などの販売もしている。**DATA** ☎0466-47-6408 **住**藤沢市江の島2-3-37 **⏰**11時〜日没 **休**水曜（祝日の場合は翌日） **P**なし **交**江ノ電江ノ島駅から徒歩25分 **MAP**P120A3

ざ まーけっと えすいーわん
The Market SE1

自然派ジェラートの専門店

旬のフルーツと、人と牛にやさしい山地酪農の牛乳を使用したジェラートの専門店。無添加のジェラートは常時10種類あるので2フレーバー600円でぜひいろいろな味を。店の目の前を江ノ電が通るので、江ノ電ビューの店としても有名。店内の席からも江ノ電を望める。**DATA** ☎0466-24-8499 **住**藤沢市片瀬海岸1-6-6 **⏰**11〜17時 **休**月・火曜 **P**なし **交**江ノ電江ノ島駅から徒歩3分 **MAP**P120A3

ひと足のばして逗子・葉山に！
絶景と美食のシーサイドドライブへ

鎌倉から車で約10分、少し足をのばして、絶景広がる海岸リゾート逗子・葉山へ。
湘南らしい景色と食事を楽しみながら車でぐるっと回ってみましょう。

✚ 逗子・葉山って こんなところ

横須賀線開通・葉山御用邸造営とともに、名士や外国人の別荘地として栄えた歴史あるリゾートエリア。マリーナが点在し、マリンレジャーの名所でもある海岸沿いは、ほとんどが西を向くため夕日時間まで楽しめる。

[問合せ] ☎046-873-1111(逗子市観光協会)
☎046-876-1111(葉山町観光協会)

[アクセス]
🚃 電車：鎌倉駅からJR横須賀線・湘南新宿ラインで5分、逗子駅下車
🚗 車：鎌倉駅から国道134号で逗子まで5km、葉山まで6km

1 リストランテAO逗子マリーナのテラス席からは江の島の向こうに富士山を望める。テラスは愛犬同伴OK 2 ランチコース3980円〜で選べる新鮮なウニのクリームスパゲッティーニ 3 マリーナで非日常の時間を 4 月替わりディナーにはファンが多い

START!
🚉 鎌倉駅

🚗車15分

🍽 りすとらんてあお ずしまりーな
リストランテAO 逗子マリーナ

絶景と旬を味わうイタリアン

マリーナリゾート・リビエラ逗子マリーナの突端にあり、富士山を望む全席オーシャンビューのモダンイタリアン。コンポストを活用した自社の循環野菜や近海で水揚げされた魚介、希少な葉山牛など地元産の食材にこだわる。

📞0467-25-0480 📍逗子市小坪5-23-16 🕐11時30分〜14時30分LO,17時〜19時30分LO 🈳火曜(祝日の場合は営業) 🅿150台(有料) 🚉JR逗子駅から車で12分 **MAP**P105

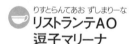

🚗車15分

🚗車約5分

🍽 ぱていすりー ら・まーれ・ど・ちゃや
パティスリー ラ・マーレ・ド・チャヤ

食後のデザートは老舗の生菓子を

昭和47年(1972)開業の地元で愛され続けているフランス菓子店。旬の食材を使用したスイーツは、食材の本来の風味を引き出した逸品。「田園の暮らし」をテーマにした落ち着いた雰囲気の店内で、お茶と一緒に楽しんでも、みやげにしても。

📞046-875-5346 📍葉山町堀内20-1 🕐11〜19時(土・日曜、祝日は10時〜) 🈳無休 🅿3台 🚉JR逗子駅から京急バス葉山一色行きなどで約10分、鐙摺下車すぐ **MAP**P105

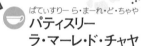

看板商品のスワンシュー400円。たっぷりの生クリームが入る

もりとじんじゃともりとかいがん
森戸神社と森戸海岸

鎌倉時代から続く大明神

源頼朝が伊豆に配流されていたときに信仰していた三嶋明神（現在の三嶋大社）の分霊として建造。境内には鎌倉時代からの歴史を感じる本殿のほか、絶景を見られる見晴らし台も。森戸海岸は、サンセットが美しい夕方がおすすめ。

森戸神社：☎046-875-2681 住葉山町堀内1025 ￥休境内自由／森戸海岸：☎046-876-1111（葉山町観光協会）P有料駐車場利用 交JR逗子駅から京急バス海岸回り葉山行きで10分、森戸海岸下車すぐ MAP P105

森戸海岸には昭和の大スター・石原裕次郎のモニュメントも

車約5分

葉山の重要文化財に指定された本殿。見晴らし台は本殿の裏

かながわけんりつきんだいびじゅつかん はやま
神奈川県立近代美術館 葉山

洗練された空間で近現代美術を

「生活の中で美術館に親しんでほしい」という思いで誕生した美術館。近現代の美術を中心に紹介する美術図書館や彫刻のある庭園、レストラン、ミュージアムショップなどは入館料不要で楽しめる。

☎046-875-2800 住葉山町一色2208-1 ￥展覧会により異なる ⏰9時30分〜17時（最終入館は16時30分）休月曜（祝日の場合は開館）、展示替期間 P53台（有料）交JR鎌倉駅から車で20分 MAP P105

屋外作品は無料で見ることができる

車20分

鎌倉駅　GOAL!

＼週末に開催！／

はやままーけっと
葉山マーケット

毎週日曜8時30分ごろ〜10時30分（売切れ次第終了、荒天時中止）、葉山漁協前で開催。葉山野菜や魚介のほか、地元の名店も出品。
☎090-4745-2238
MAP P105

逗子・葉山　500m　N
三浦市へ→

📖 夕日スポットが目白押しの逗子・葉山の海岸線。披露山公園からは富士山のシルエットも美しい夕景が望めます。 MAP P105

ちょっとだけ差をつける！
鎌倉の秀逸グルメみやげで特別感

一度もらったら忘れられない秀逸なグルメみやげ。
おいしいものが集まる鎌倉で、そんな特別なグルメみやげを探すのもおすすめです。

小町通り

くらふとばたーぱいせんもんてん
ばたー ほりっく
クラフトバターパイ専門店
BUTTER HOLIC

食感と香りをダブルで味わう

サクっとした食感のバターパイ専門店。定番の味は6種類、そのほか期間限定の味も随時登場するバターパイは、個包装されているのでみやげに最適。片手で食べられるので食べ歩きもできる。

バターパイいちご
ナポレオン(手前)990円
ブリュレ&ウォールナッツ
(奥)690円
芳醇な香りの手焼きバターパイでクリームやフルーツをサンドする。バターの香りが口に広がる絶品

☎0467-25-5870 住鎌倉市小町2-8-16鶴ヶ岡会館第2ビル1階 時10～18時 休無休 Pなし 交JR鎌倉駅東口から徒歩5分
MAP P125C2
メディアで紹介される話題の店

北鎌倉

まやのかぬれ
マヤノカヌレ

入れ物もかわいいカヌレ店

米粉を使ったカヌレに花をのせてパッケージしてくれる、北鎌倉駅近くの専門店。定番のプレーンやチョコレートのほか、季節限定のフレーバーも登場。夜は店内でクラフトビールも味わえる。自家製アイスはカヌレをトッピングしたメニューも。

カヌレ
8個入り3290円
曲げわっぱに入ったセット。カヌレ単品は380円～。写真は秋の限定フレーバーが入ったイメージ

☎0467-37-9426 住鎌倉市山ノ内510 時11～16時 (売切れ次第終了)、バーは17時～21時30分LO 休月～木曜、バーは日・月・木曜 Pなし 交JR北鎌倉駅から徒歩すぐ MAP P122A1

古民家をリノベーションした店

長谷

かかおはなれ はせてん
カカオハナレ 長谷店

チョコとお茶のハーモニー

鎌倉のチョコレートブランド「MAISON CACAO」の離れとしてオープンした「お茶とチョコレート」をコンセプトにした、ショコラティエ。抹茶やほうじ茶など、和のテイストとチョコレートを掛け合わせた菓子を販売。最中や生どら焼き各540円なども人気。

ハナレのテリーヌ 抹茶
3240円
福岡県八女産の抹茶と2種類のホワイトチョコレートがマッチ！

☎0467-50-0288 住鎌倉市長谷1-15-9 時10～17時 休月曜 Pなし 交江ノ電長谷駅から徒歩3分
MAP P124A2

長谷通り沿いという好立地にある

生産者から
直接買い付ける
コーヒーが話題

ホンジュラスの生産者から直接買い付けた豆を自社で焙煎する「27 MICRO ROAST」。100g190円〜で豆を購入できるほか、店内でコーヒー720円〜と焼き菓子を楽しむことも。
☎0467-40-3327 MAP P125C3

鎌倉駅東口
ら・ぶてぃっく・どぅ・ゆきのした・かまくら

la boutique de yukinoshita kamakura

本格派のフランス菓子に舌鼓

東京都板橋区大山の名店・マテリエルで活躍した佐々木元シェフによるフランス菓子店。「ただ単純においしいを追求」をテーマに、食材にこだわり、手間を惜しまない菓子をラインナップ。人気の生菓子は手みやげに。

プティガトー
各750円〜
季節によってケーキの種類は変わるので何度でも訪れたい

☎0467-53-9692 住鎌倉市小町2-12-25 ◯10〜18時（カフェは〜17時30分LO）休不定休 Pなし 交JR鎌倉駅東口から徒歩6分 MAP P125D2

カフェスペースもあり、くつろげる

北鎌倉
しょこらとりー
かるうぁきたかまくら もんぜん

Chocolaterie CALVA北鎌倉 門前

鎌倉らしさにこだわるチョコ

「日本人にしか作れないチョコレート」をテーマに、ショコラティエの田中二朗さんがオープン。古都鎌倉らしい食材を盛り込んだスイーツの数々は、みやげはもちろんイートインで食してもいい。

栗きんとんショコラ
1本 3780円
栗きんとんとミルクチョコレートが口の中で溶け合う驚きの食感

☎0467-38-6259 住鎌倉市山ノ内407 ◯10〜17時（イートインは〜16時30分LO）休火・水曜 Pなし 交JR北鎌倉駅から徒歩2分 MAP P122A1

シックな店内でティータイムも楽しめる

長谷
ぱんな ふぁくとりー

PANNA FACTORY

国産食材にこだわる専門店

北海道産の生クリームに国産の砂糖と卵白のみを使用した手作りパンナコッタの専門店。ゼラチンを使わずに4時間ほどかけてじっくり焼き上げる滑らかな味をぜひ。季節限定の味も登場する。

焼きパンナコッタ
500円
定番はマイルドとビターの2種類。アルコールに合うビターが人気

☎0467-39-6378 住鎌倉市長谷3-1-1 ◯11〜17時 休月曜（祝日の場合は営業）Pなし 交江ノ電長谷駅から徒歩6分 MAP P124A2

コーヒー350円と一緒に店内で食べても

「27 MICRO ROAST」には「Cafe Hola!」というカフェが併設。バナナブレッド400円などの焼き菓子も充実しています。

鎌倉のマストバイはコレ！
王道スイーツみやげで失敗なし

鎌倉で長年愛され続けているスイーツは、和菓子から洋菓子までさまざま。
みやげ選びに迷ったときは、これを買えば間違いなし！

▼若宮大路沿いにあるのが本店

鎌倉駅東口
としまや ほんてん
豊島屋 本店

**鎌倉みやげの代表格！
サクッと食感がたまらない**

明治27年（1894）創業の店。看板商品である鳩サブレーのほか、四季折々の和菓子や本店限定のオリジナルグッズ（→P111）なども。鎌倉駅周辺に複数店舗あるが、ぜひ本店をチェックして。
☎0467-25-0810 住鎌倉市小町2-11-9 ⏰9〜19時 休水曜不定休 Pなし 交JR鎌倉駅東口から徒歩5分 MAP P125D2

鳩サブレー
4枚入り540円
バターをたっぷり使った絶品。
本店限定のパッケージなどもある

小町通り
かまくらまめや こまちどおりてん
鎌倉まめや 小町通り店

**昔ながらの製法にこだわりつつ
現代的な味付けも展開！**

豆本来の味を楽しめる素朴な豆菓子を手作りで製造・販売する、昭和29年（1954）創業の店。マヨネーズピーナッツやチェダーチーズ味など、ユニークな味の豆菓子も多数。季節限定のフレーバーはマストで。
☎0120-39-5402 住鎌倉市雪ノ下1-5-38 ⏰10〜17時（土・日曜、祝日は〜18時）休無休 Pなし 交JR鎌倉駅東口から徒歩6分 MAP P125C2

▲特に週末は多くの人で賑う店

豆菓子各種
1袋270円〜
王道の小町豆のほか、変わり種のマヨネーズピーナッツなどもある

▲1階がみやげ店で2階はカフェ

鎌倉駅東口
かまくらにゅーじゃーまん かまくらほんてん
鎌倉ニュージャーマン 鎌倉本店

**昭和の時代から愛される
ふわふわ食感の洋菓子**

JR鎌倉駅東口すぐという好立地にある洋菓子店。昭和57年（1982）の開業当時からの人気商品がかまくらカスター。一番人気の味、カスタードのほか、チョコレートや抹茶、季節限定の味も登場する。
☎0467-23-3851 住鎌倉市小町1-5-2 ⏰10〜18時 休無休 Pなし 交JR鎌倉駅東口からすぐ MAP P125D3

かまくらカスター 1個162円〜
ふんわり生地の中にクリームがぎっしり！チョコレートは195円

**鎌倉にちなんだ
お菓子が揃う
ショップ**

長谷通りにある「駄菓子や 長谷店（ながしはせてん）」では、大仏など鎌倉にちなんだオリジナルの商品が300点以上並ぶ。鎌倉大仏など70円や、大仏足飴300円（8個入り）など、変わり種みやげが揃う。
☎0467-22-6499 **MAP** P124A2

**季節の上生菓子
6個入り1800円〜**
日本の四季を表現した上生菓子。箱詰めにして大切に持ち帰って

二階堂
みすず
美鈴

裏路地にひっそり立つ
知る人ぞ知る和菓子店

▼周辺の茶会にも和菓子を出す老舗

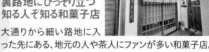

大通りから細い路地に入った先にある、地元の人や茶人にファンが多い和菓子店。商品のラインナップは季節によって変わるため、どんな和菓子に出合えるかは行ってみてのお楽しみ。お重から好きな和菓子を選んで箱詰めしてもらうシステム。

☎0467-25-0364 住鎌倉市小町3-3-13 ◷9〜17時ごろ 休火曜 Pなし 交JR鎌倉駅東口から徒歩12分 **MAP** P123C3

鎌倉駅西口
かまくらおがわけん
鎌倉小川軒

御成通り商店街にある
地元で人気の洋菓子店

◀ケーキやシュークリームなども販売

地元の人が手みやげとしてよく利用するのが、鎌倉小川軒のレーズンウィッチ。自家製のラムレーズンとバタークリームの相性がたまらない。ほろ苦い風味のレーズンウィッチコーヒー5個950円もある。

☎0467-25-0660 住鎌倉市御成町8-1 ◷10〜18時 休不定休 Pなし 交JR鎌倉駅西口から徒歩2分 **MAP** P124B1

**レーズンウィッチ
10個入り1600円**
サクッと食感のバターサブレにサンドされたラムレーズンが◎

**江ノ電もなか
10個入り1500円**
江ノ電の路線図が描かれたボックスに10本のもなかがセットに

江の島周辺
おうぎや
扇屋

江ノ電モチーフのもなかは
売切れ必至の人気みやげ

▶店の前は人気の撮影スポットだ

実際に使われていた江ノ電の車体が店頭に置かれた老舗菓子店。昼過ぎには売切れることもあるという人気の江ノ電もなかは粒、こし、梅、ユズ、ゴマの5種類。10本セットもあるのでぜひ。

☎0466-22-3430 住藤沢市片瀬海岸1-6-7 ◷9〜17時（売切れ次第終了） 休不定休 Pなし 交江ノ電江ノ島駅から徒歩3分 **MAP** P120A3

 ほかにも長谷の「力餅家」の権五郎力餅（→P74）や、由比ガ浜の「こ寿々わらび餅蔵」のわらび餅（→P82）など、王道スイーツは多彩。

鎌倉の大仏・鳩・江ノ電…
持ち帰りたいモチーフみやげが大集合♪

鎌倉ならではのモチーフみやげは友人用にも自分用にも買いたいところ。
自宅でも鎌倉を感じられる、大仏、鳩、江ノ電のグッズを探しに行きましょう。

大仏モチーフみやげ いろいろ

鎌倉と言えば大仏さま！かわいいグッズが勢揃い。

> 大事なメモを
> 大仏さまに預けて

大仏メモスタンド
各1210円
赤瓦の台に表情豊かな
大仏さまの顔が！アロ
マストーンとしても使え
るので複数揃えたい Ⓐ

> 癒やしの香りを
> 大仏さまへ届ける

赤瓦アロマ
スティックセット
1セット1540円
自社ブランドKAVAのアロマ
オイルとセットのスティック。
香りは全部で9種類 Ⓐ

> 人気N0.1の
> 大仏さまコースター

赤瓦コースター（丸型）
990円
赤瓦は割れにくく、水滴の吸収
もいい素材。大仏さまのほか、
アジサイや江ノ電、鳩の柄もあ
る Ⓐ

> ポストカードも
> 鎌倉らしい柄を

ポストカード
1枚165円〜
インパクトのあるデザインのポスト
カードは大仏さまや江ノ電モチー
フなどが多彩に揃う（コトリ→P41）

> 毎日の買物にも
> 使えるサイズ

スマイリーブッダ ショッピングバッグ
1320円
にっこりほほ笑む大仏さまがキュートなエ
コバッグ。縦36㎝×横30㎝×マチ10㎝ Ⓑ

> てのひらサイズでも
> ご利益が⁉

大仏フィギュア
594円
湘南の砂で作られた小さな
大仏さまの穏やかな表情を
見ていると癒やされそう
（鎌倉八座→P41）

> 地元ロースターと
> コラボレーション

TRIP PACK COFFEE
216円
地元のロースター「imagination
COFFEE」とコラボしたオリジナ
ルブレンドのドリップコーヒー Ⓑ

> 独特の色合いが
> 美しい

注染手拭い 鎌倉の風景
【鎌倉の山】 **1650円**
型に染料を注いで染めた手拭いは
タペストリーとしても。幅36㎝×長
さ92㎝（鎌倉八座→P41）

コチラで買えます！

Ⓐ 鎌倉煉瓦工場 小町通り店
<small>小町通り　かまくられんがこうじょう こまちどおりてん</small>

瓦アイテムの他、アクセサリーや小物雑貨が揃う。☎098-917-4365（新垣瓦工場）🏠鎌倉市雪ノ下1-6-4濱照ラフィネビル1階🕐9〜19時 ❌無休 Ｐなし 🚊JR鎌倉駅東口から徒歩6分 **MAP** P125C2

Ⓑ WELKAM
<small>小町通り　うえるかむ</small>

鎌倉育ちのグラフィックデザイナーの店。☎0467-23-0771 🏠鎌倉市雪ノ下1-4-26🕐11〜17時（土・日曜、祝日は10〜18時）❌無休 Ｐなし **MAP** P125C1

Ⓒ 鎌倉ふぃる 本店
<small>小町通り　かまくらふぃる ほんてん</small>

色や絵柄を豊富に揃える和雑貨の専門店。☎0467-22-7129 🏠鎌倉市小町2-10-2🕐10〜18時 ❌無休 Ｐなし 🚊JR鎌倉駅東口から徒歩3分 **MAP** P125C2

🕊 鳩モチーフみやげ いろいろ

鳩は鶴岡八幡宮（→P32）のシンボルで幸せを呼ぶ鳥。

> 小鳩がいっぱいの
> かわいすぎる消しゴム

小鳩豆消
900円
小さな鳩の中にさらに小さなハート形の消しゴムが入る豊島屋人気の一品。5色6個入り（豊島屋本店→P108）

> 鳩が香りを運ぶ
> アロマストーン

アロマストーン
660円
電気や火を使わずに簡単に香りを楽しめるアロマストーン。てのひらサイズがうれしい Ⓐ

> 鎌倉みやげの定番
> 「和雑貨」も！

がまぐち 各1430円
ビビッドなカラーが目を引くがまぐちは、小物入れとしても使える。サイズや色も豊富 Ⓒ

> リピーター続出！
> 肌触りも抜群

鎌倉はとふきん
各550円
手染めのかや織りを5枚重ねにしたふきんは肌触りも吸水性も抜群の優れもの！（鎌倉八座→P41）

🚃 江ノ電モチーフみやげ いろいろ

人気のローカル線はグッズになってもかわいい。

> 三両連結の
> おもちゃが人気

ENODEN Wooden toys
2040円
江ノ電が木製のおもちゃになって登場！三両連結の車両と踏切が1セット

江ノ電靴下
子ども用520円
大人用580円

> 親子でお揃いの
> コーデも！

電車好きにはたまらない！絵柄は3種類。子ども用は15〜22cm、大人用は23〜28cm（ことのいち鎌倉→P87）

> 遊んで&飾って楽しい
> 満足度MAX

湘南電車シャボン玉
各100円
江ノ電をモチーフにした容器がかわいいシャボン玉。遊んだあとは飾りとして使って（駄菓子や長谷店→P109）

> 江ノ電を毎日
> 持ち歩く！

江ノ電パスケース
800円
山羊皮を使用した渋いけれどもかわいいパスケース。シンプルで持ちやすいサイズ（ことのいち鎌倉→P87）

 鳩サブレーでおなじみの「豊島屋 本店」（→P108）には、本店限定で鳩や鳩サブレーをモチーフにした雑貨が充実しています。

大人の時間を過ごす
鎌倉&周辺の宿

日帰りでも楽しめる鎌倉で、あえてお泊まりしてみませんか？
海岸線に沈む夕日を眺めながら贅沢な大人のひと時を。

七里ガ浜
かまくらぷりんすほてる
鎌倉プリンスホテル

打ち寄せる波音に癒やされる
全室オーシャンビューの宿

相模湾を望む、なだらかな丘の上に位置する全97室のホテルの客室は、鎌倉随一の眺望を誇る。ホテル内にあるレストラン「ル・トリアノン」では、オーシャンフロントの特等席で、地元の食材などを使用したフランス料理を堪能できるほか、和食処も用意。夏期限定でオープンする相模湾を見渡せるプールなど、癒やしのスポットが点在するホテルで、夕方のひと時を。

☎0467-32-1111 🏠鎌倉市七里ガ浜東1-2-18 🅿263台(有料) 🚋江ノ電七里ヶ浜駅から徒歩8分(無料シャトルバスあり、要問合せ) 🅼🅰🅿P120B3 ●IN 15時 OUT 12時 ●鉄筋4階建97室

❈NOTE
●ツインルームAタイプの部屋の浴室にはシャワーブースがあり広々。

2 リゾート感あふれるラグジュアリーなホテル
3 フルコース料理の一例

1 ツインAタイプの客室から、晴天時は江の島や富士山を眺める

長谷
かまくらぱーくほてる
鎌倉パークホテル

優美なインテリアに囲まれ
ワンランク上のホテルライフを

イタリアから輸入した家具や調度品、天然石などを配した異国情緒あふれるリゾートホテル。客室は洋室から和室まで揃い、スタンダードツインでも34㎡とゆとりの広さ。大理石でできたバスルームでゴージャスなバスタイムが過ごせる。ディナーはレストランで地元食材をアレンジした鎌倉フレンチ、また和食処で日本料理をいただこう。

❈NOTE
地元漁港から仕入れる鮮魚や鎌倉野菜を使った鎌倉フレンチ。フルコースは40種類以上の野菜を楽しめる。

☎0467-25-5121 🏠鎌倉市坂ノ下33-6 🅿60台 🚋江ノ電長谷駅から徒歩13分 🅼🅰🅿P124A3 ●IN 14時 OUT 11時 ●鉄筋3階建46室

1 エレガントな雰囲気のスタンダードツイン 2 鎌倉フレンチのひと皿「地元海の幸 湘南風サラダ」

┄┄┄┄┄┄ 料金 ┄┄┄┄┄┄
1泊2食付
✣平　日　1万9283円〜
✣休前日　3万8147円〜

┄┄┄┄┄┄ 料金 ┄┄┄┄┄┄
1泊2食付
✣平　日　3万1110円〜
✣休前日　3万6610円〜

🏠部屋食 💆エステあり 🛁大浴場あり 🧍ひとり宿泊OK

由比ガ浜

かいひんそうかまくら

かいひん荘鎌倉

美しい庭園を有する
大正ロマンただよう洋館

宿の象徴である洋館は、大正13年（1924）に富士製紙社長の邸宅として建てられたもの。出窓が多く急勾配の切妻屋根などが特徴的で、平成21年（2009）に国の登録有形文化財に指定された。敷地内には300坪の庭園。客室は庭付きの和室、リビングが2間あるツインルームなど部屋ごとに雰囲気が異なり、静けさのなかでゆったりとくつろげる。

┈┈┈ 料金 ┈┈┈
1泊2食付
✤ 平 日　2万2550円〜
✤ 休前日　2万5850円〜

❀NOTE
リビング2間とベッドルームがある洋館のツインルーム「らんの間」(1泊2食付2万5850円〜)は1日1組限定

☎0467-22-0960 🏠鎌倉市由比ガ浜4-8-14 🅿10台 🚉江ノ電由比ケ浜駅から徒歩1分 MAP P124B2 ●IN 15時 OUT 10時 ●木造2階建14室

1 アンティークの調度品に囲まれた洋館ラウンジ
2 本格的な懐石料理を心ゆくまで堪能しよう

材木座

うみべのべっど あんど ぶれっくふぁすと ぐっどもーにんぐ ざいもくざ

海辺のBed & Breakfast
GOOD MORNING ZAIMOKUZA

シービューのゲストハウスで
コンパクトにステイ

複合施設「材木座テラス」にあるカフェ＆ダイニングに併設されたゲストハウス。全5室の客室には大きな窓があり、湘南の海を独り占めできる特別感のある宿。8㎡の小さな部屋は、海辺でリーズナブルに泊まりたい人に最適。朝食はカフェで和食の定食を。

1 客室の窓には1枚の絵のような絶景が広がる
2 朝食は季節によって内容が変わる和定食を用意

┈┈┈ 料金 ┈┈┈
1泊朝食付
✤ 平 日　6600円〜
✤ 休前日　6600円〜

❀NOTE
宿の目の前は国道をはさんで材木座海岸。早朝、朝の光をたっぷりと浴びに、ビーチ散策をするぜいたく時間をぜひ。

☎0467-38-5544 🏠鎌倉市材木座5-8-25 🅿2台 MAP P124B2 ●IN 15時 OUT 10時 ●鉄筋2階建5室

鎌倉駅西口

ほてるにゅーかまくら

ホテルニューカマクラ

観光スポットへもアクセス抜群の
文豪の足跡まつわる歴史的ホテル

鎌倉駅西口近くで約90年も営業、レトロな雰囲気で多くのファンを集める老舗ホテル。大正時代に建てられ、鎌倉市の景観重要建築物に指定される本館と新館があり、クラシックな意匠の本館洋室「御成」や茶室風の新館和室「唐傘」など趣の異なる客室が全26室。浴衣やタオルなどアメニティも充実し、リピーターや長期滞在客も多い。

┈┈┈ 料金 ┈┈┈
素泊まり（持ち込み可）
✤ 平 日　6050円〜
✤ 休前日　7700円〜

❀NOTE
本館客室はアウトバス・トイレ、新館はバス・トイレ付き。本館「御成」には大正ロマンを醸す花柄の洗面台がある。

☎0467-22-2230 🏠鎌倉市御成町13-2 🅿50台 (1泊1000円) 🚉JR鎌倉駅から徒歩すぐ MAP P125C3 ●IN 15時 OUT 10時 ●木造2階建26室

1 上げ下げ窓と高い天井が特徴の本館ツイン「御成」
2 芥川龍之介にもゆかりある歴史的ホテル

●掲載料金は、1室2名宿泊の場合の1名料金です。

鎌倉の知っておきたい エトセトラ

本、映画、季節のイベントや寺社のお守り…、
鎌倉を訪れる前に知っておけばちょっとツウを気どれますよ。

読んでおきたい本

人気の観光地だけにガイドブックの種類は豊富。少し目先を変えて、こんな本はいかがでしょう。

鎌倉花手帳

鎌倉の古寺を巡る四季折々の花を月別に掲載。春の散歩道では建長寺や鶴岡八幡宮に咲く桜、夏の散歩道では明月院や長谷寺のアジサイなど、美しい写真と解説で紹介している。巻末には寺社別花一覧も収録している。
著　原田　寛／JTBパブリッシング／2010年／1078円

かまくら春秋

鎌倉文士らの協力のもと昭和45年(1970)に創刊。地元鎌倉の歴史や文学、自然、人をテーマにした地元密着型のタウン誌だ。ポケットサイズで携帯しやすや、対談やエッセイ、地元情報まで盛りだくさん。「鎌倉から東京までの1時間で読める」がコンセプト。
かまくら春秋社／月刊／360円

鎌倉の寺　小事典

鎌倉にある100余の寺院をすべて網羅した一冊。ガイドブック的な紹介のみならず、仏教、みほとけ、祈りの心など、古都鎌倉に育まれた「こころの文化」まで触れている。一寺一寺を訪ね歩いたきめ細やかな内容は、地元出版社ならでは。
かまくら春秋社／2001年／1047円

観ておきたい映画

ファンタジーから人間ドラマまで鎌倉を舞台にした多彩な映画たち。作品の世界を巡るのもいい。

DESTINY鎌倉ものがたり

ミステリー作家の夫婦が暮らす鎌倉は、人と魔物が仲良く住む不思議な街。急逝した妻の命を取り戻しに、夫は黄泉の国へと旅に出る。VFXを駆使し、現実の鎌倉以上に鎌倉の風土感がよく描かれた大人のファンタジー。原作は西岸良平の漫画。
© 2017「DESTINY 鎌倉ものがたり」製作委員会
DVD発売2018年／出演 堺雅人 高畑充希／監督 山崎貴／発売・販売元：バップ／4180円、Blu-rayは5280円

海街diary

鎌倉に住む3姉妹が異母妹を迎え、家族の絆を結ぶまでを瑞々しく描く。築82年の家屋や駅、漁港など暮らしの目線で見る鎌倉が印象的。原作は吉田秋生のベストセラー漫画。
© 2015 吉田秋生・小学館／フジテレビジョン 小学館 東宝 ギャガ
DVD発売2015年／出演 綾瀬はるか／監督 是枝裕和／発売元：フジテレビジョン 販売元：ポニーキャニオン／4180円、Blu-rayは5280円

日日是好日

茶道を通して女子大生から社会人へと成長する主人公が「毎日毎日が素晴らしい」ということを学ぶ。鎌倉市内が登場するほか、協力店も多数。森下典子のエッセイが原作。
© 2018「日日是好日」製作委員会
Blu-ray&DVD発売2019年／出演 黒木華 樹木希林 多部未華子／監督 大森立嗣／発売：ハピネットファントム・スタジオ／パルコ／販売元：ハピネット・メディアマーケティング／5280円

映画ロケ地

海、寺、江ノ電…、比較的狭い範囲に魅力的なロケーションがたくさん。人気の映画やTVドラマの舞台はココ。

極楽寺駅

江ノ電の駅舎のなかでもよく登場する。左記の『海街diary』をはじめ2012年放映の『最後から二番目の恋』でも利用されている。
MAP →P85

江ノ電

キュートな車両が印象的な映像に仕上げる。海沿いを走る鎌倉高校前駅周辺は、映画やドラマのみならず雑誌などでも格好の撮影スポット。
MAP →P84

満福寺前の踏切

江ノ電の線路沿いに立つ古刹。腰越の町並みと合わせてユニークなロケーションが印象的。
MAP →P85

国道134号線

由比ヶ浜、稲村ヶ崎…、有名な海岸が広がるシーサイドルート。のどかでローカルな光景が広がる。
MAP →P85

祭・イベント

歴史的な祭典やイベントが盛りだくさん。鎌倉時代にタイムスリップしたような気分でお出かけ（日程変動あり）。

1月10日 本えびす

商売繁盛を願って行われる本覚寺「夷神」の祭り。夷堂前でその年の福娘から商売繁盛の福笹を授けてもらえ、甘酒などの振る舞いも。
本覚寺→P61

4月第2日曜～第3日曜 鎌倉まつり

春に行われる鎌倉最大の行事。鶴岡八幡宮を中心に市内でさまざまなイベントが催される。初日の静の舞や最終日の流鏑馬が人気。
詳細は鎌倉市観光協会へ。☎は☞P12

7月 鎌倉花火大会 ※2023年は未定

70年以上の歴史ある夏の風物詩。由比ガ浜海水浴場の沖合に浮かんだ台船から花火が打ち上げられる。クライマックスは圧巻の水中花火。
詳細は鎌倉市観光協会へ。☎は☞P12

9月14日～16日 例大祭

文治3年(1187)の放生会が始まりとされる鶴岡八幡宮のもっとも盛大な神事。最終日には豪壮な流鏑馬神事が行われる。
鶴岡八幡宮→P32

10月上旬 鎌倉薪能

昭和34年(1959)に第1回が開催された鎌倉薪能。この歴史は薪能発祥といわれる奈良にある。詳細は鎌倉市観光協会へ。☎は☞P12

鎌倉やさい

鎌倉市農協連即売所（→P39）では低農薬栽培の新鮮な鎌倉野菜を販売しています。（以下は一例）

プンタレッタ

イタリア・ローマの春野菜。ビタミン、ミネラルが豊富な健康野菜。

コールラビ

ブロッコリーの茎やキャベツの芯に似た風味で、やわらかく甘みがある。

カーボロネロ

イタリア・トスカーナ地方の葉キャベツの一種。栄養価の高い食材。

赤長チコリ

ほどよい苦みがありサラダによく使われるイタリア野菜。

紫にんじん

ポリフェノールとビタミンCを多く含み、甘みのあるのが特徴。

エンダイブ

独特の苦みが料理の味をひきたてるキク科の野菜。サラダなどに重宝する。

レッドポアロー

鍋からサラダまで、オールマイティの赤ネギ。やわらかく、霜が降りる冬が旬。

お守り

参拝をすませたら、霊験あらたかなお守りを手に入れましょう。良縁、金運、息災などご利益もさまざま。

心むすぶ守り 各500円

夫婦、恋人、友だちの心を結ぶお守り。ペアで色違いを持つのがいい。円覚寺→P18

うさぎ守り 500円

縁を結ぶというウサギの根付け。飛んで跳ねてツキを呼んでくれる。
明月院→P23

霊狐の根付（水晶）1000円

水晶を持った黄金の狐のお守り。もっていると出世運が上がるとか。
佐助稲荷神社→P45

縁結び御守り 500円

好きな人に片方を渡すと、絆が深まるとか。友情の証にも。
御霊神社→P74

黒地蔵尊 しゃもじ 300円

すくった分だけ相手も自分も救われるというしゃもじのお守り。
覚園寺→P55

福だるま 700円

それぞれ異なるだるまの顔は愛嬌たっぷり。おみくじ入り。
杉本寺→P54

ちりめんペットの御守 500円

ペットの健康長寿、交通安全にご利益。首輪に着けよう。
光明寺→P62

鎌倉への行き方

鎌倉散策の起点になるのは、JR横須賀線の鎌倉駅と北鎌倉駅。
横須賀線と相互直通運転しているJR総武快速電車やJR湘南新宿ライン利用が便利だ。

◉ 鉄道でアクセス

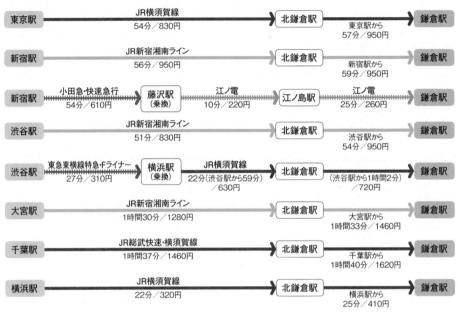

東京駅 → JR横須賀線 54分/830円 → 北鎌倉駅 → 東京駅から 57分/950円 → 鎌倉駅
新宿駅 → JR新宿湘南ライン 56分/950円 → 北鎌倉駅 → 新宿駅から 59分/950円 → 鎌倉駅
新宿駅 → 小田急・快速急行 54分/610円 → 藤沢駅(乗換) → 江ノ電 10分/220円 → 江ノ島駅 → 江ノ電 25分/260円 → 鎌倉駅
渋谷駅 → JR新宿湘南ライン 51分/830円 → 北鎌倉駅 → 渋谷駅から 54分/950円 → 鎌倉駅
渋谷駅 → 東急東横線特急・Fライナー 27分/310円 → 横浜駅(乗換) → JR横須賀線 22分(渋谷駅から59分)/630円 → 北鎌倉駅 → (渋谷駅から1時間2分)/720円 → 鎌倉駅
大宮駅 → JR新宿湘南ライン 1時間30分/1280円 → 北鎌倉駅 → 大宮駅から 1時間33分/1460円 → 鎌倉駅
千葉駅 → JR総武快速・横須賀線 1時間37分/1460円 → 北鎌倉駅 → 千葉駅から 1時間40分/1620円 → 鎌倉駅
横浜駅 → JR横須賀線 22分/320円 → 北鎌倉駅 → 横浜駅から 25分/410円 → 鎌倉駅

※所要時間は標準的なもので、電車により異なります。
　横浜駅の乗換は標準的な乗り換え時間を含みます。
※東急東横線武蔵小杉駅～JR武蔵小杉駅、東急東横線横浜駅～JR横浜駅間、小田急藤沢駅～江ノ電藤沢駅間は離れているので乗換には5～10分程度かかります。

✐ プランニングアドバイス

- 湘南新宿ラインはほぼ15分ごとに運行。北鎌倉駅・鎌倉駅に乗り換えなしで行ける横須賀線直通の逗子駅行きと、乗り換えが必要な東海道線直通平塚駅方面行きが1本おきとなる。東海道線直通の場合、大船駅よりひとつ手前の戸塚駅が同じホームで乗り換えができるので便利だ。
- 東急東横線の特急・Fライナーはあわせて日中15分ごとの運行。横浜駅での乗り換えが必要となるが、運賃が200円安くなる。
- 江の島に直行するなら新宿駅から小田急線で快速急行が日中20分ごとに運行。特急料金750円が必要となるが、片瀬江ノ島駅へゆったり座って行けるロマンスカー「えのしま号」も快適。平日は夕方のみの運行だが、土曜・休日は1～2時間ごとに運行。

☎ 問合せ先

鉄道
- ●JR東日本お問い合わせセンター ☎050-2016-1600
- ●小田急お客さまセンター ☎044-299-8200
- ●東急お客さまセンター ☎03-3477-0109
- ●江ノ電(江ノ島電鉄) ☎0466-24-2713
- ●湘南モノレール ☎0467-45-3181

バス
- ●江ノ電バス ☎0466-24-2714
- ●京急バス(鎌倉営業所) ☎0467-23-2553

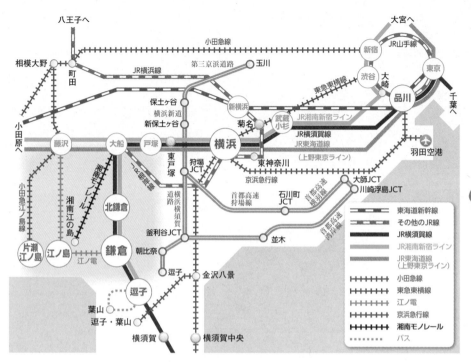

地図凡例：
- 東海道新幹線
- その他のJR線
- JR横須賀線
- JR湘南新宿ライン
- JR東海道線（上野東京ライン）
- 小田急線
- 東急東横線
- 江ノ電
- 京浜急行線
- 湘南モノレール
- バス

お得で便利！ フリーきっぷを使おう

江ノ電利用の定番チケット
1日乗車券 のりおりくん（江ノ電）800円
江ノ電の電車全線が1日乗り降り自由。鎌倉駅〜藤沢駅間を単純往復すると620円なので、2回以上下車すればお得。沿線観光施設の割引特典付き。

発売場所：江ノ電各駅の券売機やEmotなど

裏鎌倉を楽しもう
1日フリーきっぷ（湘南モノレール）610円
湘南モノレール全線が1日乗り降り自由。大船駅〜湘南江の島駅間は片道320円なので往復するだけでもお得。沿線の観光施設、店舗で割引等の特典あり。

発売場所：湘南モノレール各駅の券売機

鎌倉で活躍する便利なきっぷ
鎌倉フリー環境手形（鎌倉市）
900円
江ノ電の鎌倉駅〜長谷駅間と、鎌倉駅東口に発着する江ノ電バス・京急バスの5路線の指定区間が1日乗り降り自由。寺社や観光施設、店舗での割引特典あり。1月1〜3日は使用できない。

発売場所：江ノ電鎌倉駅・長谷駅、京急バス鎌倉営業所、鎌倉駅前案内所など

小田急沿線から鎌倉を目指す人に
江の島・鎌倉フリーパス（小田急）
小田急新宿駅から1640円　藤沢駅から810円
乗車駅〜藤沢駅間の小田急線往復きっぷに、小田急線の藤沢駅〜片瀬江ノ島駅間と江ノ電の電車全線2区間の乗り降り自由券が付く。特急「えのしま号」利用には、別に特急券が必要。観光施設の割引特典もある。

発売場所：小田急線各駅で発売

交通ガイド

鎌倉での移動

鎌倉での移動はバスと江ノ電、徒歩がキホン。長谷、江ノ島方面へは江ノ電が便利だ。
バスは観光シーズンには大渋滞するので、注意が必要だ。

鎌倉周辺 バス・鉄道路線図

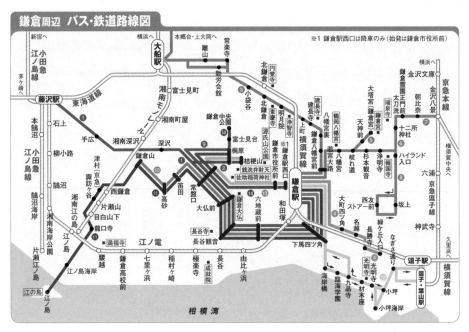

おもな寺社へのアクセス

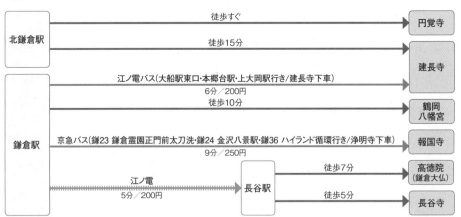

🍀 路線バス

JR鎌倉駅東口のバスターミナルを起点に、江ノ電バス、京急バスが各方面に運行している。運賃は初乗り180円〜(乗降停留所により異なる)。週末や花見、紅葉シーズンなどは交通渋滞による遅延がある注意を。長谷や大仏方面へは江ノ電を利用するといい。

バス路線一覧

鎌倉駅東口から MAPは下図参照 　2023年4月現在

のりば	路線図	系統番号	経由地/( )内は一部の便	行き先	便数	運行会社
1	❶	F11	長谷観音・大仏前・深沢	藤沢駅南口	10〜15分ごと	江ノ電バス
1	❷	K1	長谷観音・大仏前・梶原	桔梗山	1日1便(平日運行)	
2	❸	N2・A21	鎌倉八幡宮前・建長寺・北鎌倉	大船駅・本郷台駅・上大岡駅	16〜30分ごと	江ノ電バス
3	❹	鎌31	名越	緑ヶ丘入口	8〜30分ごと	京急バス
4	❺	鎌20	八幡宮・岐れ道	大塔宮(鎌倉宮)	20〜25分ごと	京急バス
5	❻	鎌23	八幡宮・浄明寺	鎌倉霊園正門前太刀洗	30分ごと※1	京急バス
5	❼	鎌24	八幡宮・浄明寺・鎌倉霊園正門前太刀洗	金沢八景駅	30分ごと	京急バス
5	❽	鎌36	八幡宮・浄明寺	ハイランド循環	30分ごと	
6	❾	鎌2	長谷観音・大仏前・(富士見台)	梶原	30〜40分ごと	京急バス
6	❿	鎌4	長谷観音・大仏前	鎌倉山	20〜40分ごと	京急バス
6	⓫	鎌6	長谷観音・大仏前・鎌倉山	江ノ島	1日3便	
7	⓬	鎌40	九品寺・小坪・JR逗子駅	逗子・葉山駅	5〜15分ごと	京急バス

※1)鎌倉霊園正門前太刀洗までは下段の(鎌24)系統も含め10〜20分ごと

鎌倉市役所前から(鎌倉駅西口)

のりば	地図	系統番号	経由地	行き先	便数	運行会社
1	⓭	K6	八雲神社・梶原	桔梗山	1日16〜18便	江ノ電バス
1	⓮	鎌51	八雲神社・梶原	鎌倉中央公園	1日10便	京急バス

鎌倉駅東口のりばMAP

🍀 レンタサイクルでまわる

▶ 鎌倉レンタサイクル(レンタサイクルくらりん)
普通自転車は1時間600円〜・1日1600円、電動アシスト付き自転車は1時間1500円・1日2150円。返却時刻を過ぎると1時間250円の延滞料金が発生するので要注意。江ノ島駅前での乗り捨てはプラス300円で可能。SuicaやPASMOでの支払いも可能。予約・問合せは☎0467-24-2319(9時30分〜16時30分)へ。

鎌倉駅前店(東口駅前 交番裏手)
営業:8時30分〜17時30分(季節により変動あり)

▶ GROVE KAMAKURA(グローブ カマクラ)
鎌倉で唯一、スポーツバイク専門のレンタルサイクル。一流ブランドのロードバイク1日5000円や、フロントサスペンション1日2500円などを借りられる。
☎0467-23-6667
営業:10〜19時　㉡水・木曜

🍀 江ノ電でまわる

鎌倉駅と藤沢駅を結んでコトコト走るかわいい電車。湘南の海辺を走る人気もので、沿線には寺社も点在する。地元住民の生活の足としても、鎌倉観光に欠かせない。鎌倉〜藤沢間は所要37分。早朝・深夜を除き14分間隔で運行されている。江ノ電の江ノ島駅から江の島の入口(島へ渡る橋のたもと)までは少し離れていて、徒歩10分くらいかかるので注意しよう。

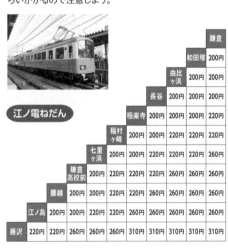

江ノ電ねだん

	江ノ島	腰越	鎌倉高校前	七里ヶ浜	稲村ヶ崎	極楽寺	長谷	由比ヶ浜	和田塚
鎌倉									
和田塚									200円
由比ヶ浜								200円	200円
長谷							200円	200円	200円
極楽寺						200円	200円	200円	200円
稲村ヶ崎					200円	200円	220円	200円	220円
七里ヶ浜				200円	200円	220円	200円	260円	260円
鎌倉高校前			200円	200円	220円	220円	260円	260円	260円
腰越		200円	200円	220円	260円	260円	260円	260円	260円
江ノ島	200円	200円	220円	260円	260円	260円	260円	260円	260円
藤沢	220円	220円	260円	260円	260円	310円	310円	310円	310円

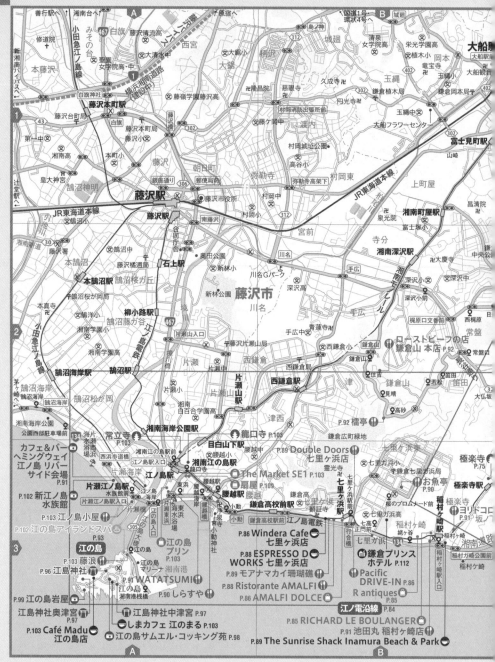

鎌倉全域図

0　　500m

狩場JCTへ↑

塚駅へ

笠間

鎌倉女子大
短大部 ⊗

船小 ⊗

⊗船駅東口交通広場前

鎌倉大船三局 〒
⊗大船中

大船

常楽寺 卍

大船署 卍

西念寺 卍

岩瀬

公田小

桂台中

砂押橋

大長寺 卍

岩瀬中 卍

多聞院 卍

大船高 卍

⊗今泉小

白山神社前

白山神社 卍

桂台西

大山町

桂台南

上之町

八軒谷戸

横浜環状南線
(建設中)

西大路団地入口

横浜横須賀道路

金沢
市民の森

横浜市
栄区

今泉

上郷町

散在ガ池
森林公園

鎌倉街道

小坂小 ⊗

小坂

⊗山崎小

山崎・台峰緑地

鎌倉市

小袋谷 ⊗

鎌倉女子
学園高

北鎌倉
小坂局

北鎌倉駅

六国見山

円覚寺 P.18

山ノ内

明月院 P.23

長壽寺 P.22

建長寺半僧坊 卍

建長寺 P.20

覚園寺 P.55

浄智寺 P.22

鎌倉学園高

海蔵寺 P.46

円応寺 P.23

扇ガ谷

卍来迎寺

西御門

二階堂

鎌倉宮 卍 P.52 瑞泉寺 P.52

P122-123

観音堂 卍

朝比奈町

梶原太刀洗水

朝比奈切通

朝比奈インター

朝比奈IC

横浜市
金沢区

逗子ICへ↓

1

2

3

日野俊基の墓
朝比奈の墓

銭洗弁財天
宇賀福神社 P.45

北条氏
常盤亭跡

佐助
稲荷神社
P.45

佐助

高徳院 P.70
(鎌倉大仏)

P.72

長谷

長谷寺

長谷駅

成就院
P.75

市営プール前
鎌倉海浜公園

英勝寺 P.44

壽福寺 卍

浄光明寺 P.46

鶴岡八幡宮 P.32

八幡宮前

荏柄天神社 P.56

杉本寺 P.54

浄妙寺 P.50

十二所

光触寺 P.55

明石橋

松久禅寺 卍

池子

sawvi P.56

久木大池公園

浄明寺

報国寺 P.51

明王院 卍

金沢街道

宝戒寺 P.54

本覚寺 P.61

大町

妙本寺 P.61

大巧寺 卍

鎌倉浄明寺局 卍

鎌倉文学館

和田塚駅

由比ガ浜大通り

由比ガ浜

由比ヶ浜駅

由比ガ浜
海水浴場

材木座
海水浴場

材木座海岸

由比ガ浜4

坂ノ下 卍

由比ガ浜

安国論寺 P.60

JR横須賀線

長勝寺 卍

妙行寺 卍

材木座

五所神社

本興寺 卍

鎌倉
女学院高

簡易裁判所

浅間神社 卍

笹目町

鎌倉
市役所

鎌倉駅

下馬

金沢街道

小町

南下馬

浅間神社 卍

興禅寺 卍

神社

逗子市

久木

池子の森自然公園

久木中

妙光寺 卍

聖和学院高

山の根

熊野神社 卍

神武寺駅

東昌寺 卍

東逗子
駅

逗子駅

JR横須賀線

逗子市役所

逗子開成高

光明寺 P.62

第一中 ⊗

P.63 和賀江嶋

小坪

小坪小 ⊗

⊗小坪小坪中

ハイランド局

逗子・葉山駅

神明社 卍

桜山

24

P124-125

P84-85

相模湾

リビエラ逗子マリーナ

リストランテAO
逗子マリーナ P.104

マリブホテル

披露山公園

逗子マリーナ

逗子 P.104

134

新逗子駅入口

葉山へ

逗子桜山局

311

204

205

21

134

今泉台（四）

六国見山

正続院

北鎌倉 P.16

正伝庵

山ノ内

建長寺半僧坊

寿徳庵

円覚寺 P.18

回春院

P.28 ブラッスリー航
（2023年8月末まで予定）

雲頂庵

茶寮風花 P.24

正統院

ブラッスリー航 P.26
（2023年9月移転予定）

松嶺院

明月院 P.23

北条時頼公の墓

龍峰院

マ ヤ ノ ガ ヌ レ

光泉

北鎌倉古民家ミュージアム
P.28

北鎌倉 紫-ゆかり- P.27

宝珠院

北鎌倉GALLERY NEST
P.25

浄智寺東慶寺

P.28

北鎌倉 葉祥明美術館 P.28

北鎌倉駅

北鎌倉駅前

鎌倉街道

茶房 花鈴 P.25

建長寺
P.20

P.28 北鎌倉松花堂

鎌倉五山 P.27

北鎌倉 ぬふ・いち P.28

西来庵

P.26 北鎌倉 円

妙高院

P.25 北鎌倉
樂カフェ

北鎌倉女子
学園高・中

東慶寺

鉢の木 新館 P.26

鎌倉さくら P.24

P.107 Chocolaterie CALVA北鎌倉門前

上町

雪堂
美術館

P.28 狸穴 カフェ

明月院

鎌倉学園高・中

長壽寺 P.22

P.27 Takeru Quindichi

禅居院

P.25 喫茶吉野

浄智寺
P.22

JR横須賀線

円応寺 P.23

山ノ内

南ヶ谷上トンネル

扇ガ谷（五）

扇ガ谷（二）

鎌倉市

扇ガ谷（四）

薬王寺

妙傳寺

山崎・台峯緑地

浄光明寺
P.46

山崎

P.28 La PEKNIKOVÁ

海蔵寺 P.46

P.47 鎌倉市
川喜多映画記念館

梶原（三）

P.45 葛原岡神社

護国寺

S字坂下

日野俊基朝臣の墓

仮粧坂 P.44

源氏山入口

英勝寺 P.44

八坂大神

源氏山詰所

源氏山公園

P.47 鎌倉市鏑木清方記念美術館

銭洗弁財天 宇賀福神社
P.45

桔梗山

梶原（五）

P.47 古我邸

鎌倉歴史文化交流館

鎌倉駅西

梶原（四）

P.45 佐助稲荷神社

P.45 茶房雲母

諏訪神社

御成町

P.45 くずきり みのわ

鎌倉市役所

鎌倉駅周辺 P.30

P125

北条氏常盤亭跡

市役所通り

御成小

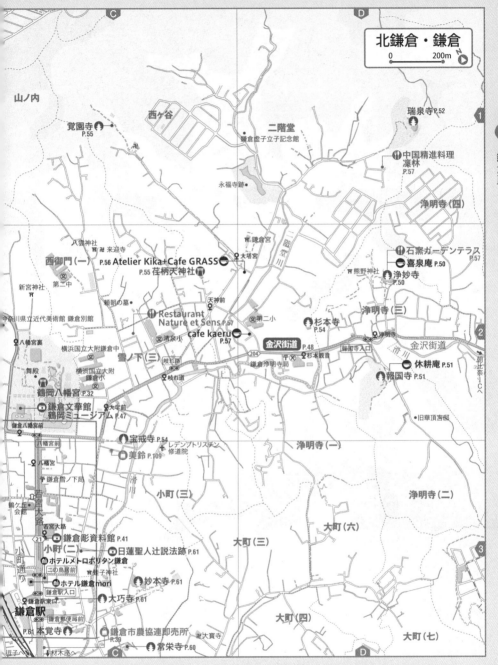

北鎌倉・鎌倉

0　　　200m

山ノ内

西ヶ谷

二階堂

瑞泉庵 P.52

覚園寺 P.55

鎌倉虚子立子記念館

中国精進料理
凜林 P.57

永福寺跡

浄明寺（四）

石窯ガーデンテラス P.57

八雲神社　来迎寺

鎌倉宮

喜泉庵 P.50

西御門（一）　P.56 Atelier Kika+Cafe GRASS

大塔宮

熊野神社　浄妙寺 P.50

第二中

P.55 荏柄天神社

新宮神社

天神前

頼朝の墓

神奈川県立近代美術館 鎌倉別館

Restaurant
Nature et Sens P.57

第二小

浄明寺（三）

杉本寺 P.54

浄明寺

cafe kaeru P.57

金沢街道 P.48

金沢街道

八幡宮裏

浄泉小

204

休耕庵 P.51

舞殿

横浜国立大附属鎌倉中

岐れ路

鎌倉浄明寺局

杉本観音

報国寺 P.51

横浜国立大附属鎌倉小

鶴岡八幡宮 P.32

雪ノ下（三）

岐れ道

鎌倉文華館
鶴岡ミュージアム P.47

大学前

鶴岡八幡宮前

旧華頂宮邸

八幡宮前

宝戒寺 P.54

浄明寺（一）

八幡宮

レデンプトリスチン
修道院

美鈴 P.109

鎌倉雪ノ下局

小町（三）

鶴ヶ丘
会館

浄明寺（二）

若宮大路

鎌倉彫資料館 P.41

大町（六）

小町（二）

21

日蓮聖人辻説法跡 P.61

大町（三）

ホテルメトロポリタン鎌倉

小町通り

二の鳥居前

蛭子神社

ホテル鎌倉mori

鎌倉駅入口

妙本寺 P.61

大巧寺 P.81

鎌倉駅

P.61 本覚寺

鎌倉郵便局前

鎌倉市農協連即売所 P.39

大町（四）

大宝寺

常栄寺 P.60

大町（七）

材木座へ

逗子へ

N

A B

P.43 CHOCOLATE BANK 御成町 鎌倉駅
P.47 麹Style 諏訪神社前 鎌倉駅 西口 本覚寺 P.61
市役所通り 鎌倉市役所前 新倉さんちの P.61
P.42 Régalez-Vous パティスリー 手づくりジャム 鎌倉店 P.42
佐助（一） 鎌倉市役所 チモト+輪心 ガード下
新佐助トンネル 佐助一 鎌倉小川軒 P.109 ふれあい鎌倉 下馬四ツ角 教恩 下馬四ツ角
長谷トンネル P.42 KIBIYAベーカリー 延命寺
P.36 RESTAURANT KIBIYA P.41
浅間神社 鎌倉市中央図書館 P.42 HMT 日進堂 P.61
P.77 Grandir Ensemble 小学校前 鎌倉女学院高
長谷（五） 笹目町 由比ガ浜（一） P.77 MAR 病院前 鎌倉宮
御成中 鎌倉保健福祉事務所 一の鳥居
鎌倉市 六地蔵前 第一小 上河原
P.77 パンとエスプレッソと 由比ガ浜商店 和田塚駅 茶房 空花 P.80
P.82 こ寿々わらび餅蔵 つるや P.82 海岸橋
P.70 高徳院 花見煎餅吾妻屋 P.82 笹目 鎌倉彫工芸館 由比ガ浜（二）
（鎌倉大仏） P.77 コケーシカ鎌倉 長谷東町 海岸橋
大仏トンネル 鎌倉文学館 長谷（一） 無心庵 P.81
（2023〜26年度休館） 麩帆 由比ガ浜大通り P.77
PANNA FACTORY 大仏坂 たい焼き 由比ヶ浜駅 由比ガ浜（三）KKR
長谷通り 大仏前 なみへい P.77 鎌倉わかみや 鎌倉市消防本部 臨海学園
P.80 Beau Temps P.107 P.76 海岸通り 文学館入口 かいひん荘鎌倉 P.113 村木座（五）
P.78 ESSELUNGA P.82 woof curry 311 OKASHI0467 P.79 長谷（二）
輪心 川端康成記念會 鎌倉 清雅堂 鎌倉海浜公園 海
P.82 #cha-LaMari 長谷観音前 旧ヤム邸かまくら荘 P.81 滑川 材木座
KANNON COFFEE 鎌倉長谷局 由比ガ浜（四）由比ガ浜地下 水木
kamakura P.76 Bergfeld 長谷 P.79 由比ガ浜4 水浴場
鎌倉まいいとこ 海浜公園前
P.106 カカオハナレ 長谷（三）長谷前 Cafe&Bar 麻心 P.78 由比ガ浜
P.82 光則寺 収玄寺前 長谷駅 由比ガ浜海水浴場 由比ガ浜 P.68
P.72 長谷寺 駄菓子や 長谷店 P.109
P.73 海光庵 P.68 CUPS kamakura P.79 P.113 海辺のBed & Breakfast
極楽寺（二）P.78 レストラン ワタベ 無珈琲 P.79 GOOD MORNING
P.82 鎌倉まめや長谷本店 ZAIMOKUZA
P.74 御霊神社 力餅家 P.74
熊野神社 坂ノ下 三留商店 P.75
アトリエピッコロ P.81 てぬぐい café recett鎌倉 P.81
P.75 カフェ なみまちベーグル P.74
花屋 good mellows P.82
極楽寺駅 坂ノ下 鎌倉創作和菓子 手毬 P.82
極楽寺 P.75 成就院
相 模 湾
極楽寺（三）
湘南道路
稲村ガ崎 極楽寺（一）
鎌倉パークホテル 市営プール前
P.112
鎌倉海浜公園
稲村ガ崎 稲村ガ崎
（二）（一）

由比ガ浜・長谷
大町・材木座
0 200m

N

A B

若宮大路・小町通り
0 100m

P.60 常栄寺
安養院 P.58
大町(一)
大町 P.50
木座(一)
由比若宮(元八幡) 元八幡
水道路
松光山啓運寺
材木座(三)
鎌倉材木座局
材木座 P.58
北鎌倉駅へ
扇ガ谷
JR横須賀線
御成町
corretto
市役所前
鎌倉駅 西口

北鎌倉へ↑
鶴岡八幡宮 P.32
平家池
旗上弁財天社
メーカーズシャツ鎌倉 P.41
源氏池
正一位稲荷社
朝比奈ICへ↑

三ノ鳥居
八幡宮前
鎌倉彫 陽雅堂
博古堂 P.40

P.47 鎌倉市川喜多映画記念館
創作和料理「近藤」 P.38
imbiss鎌倉
豚まんじゅう専門店 鎌倉点心
八幡宮
英国アンティーク博物館 BAM鎌倉 P.35

P.111 WELKAM
香司 鬼頭天薫堂 P.35
小町通り P.34
不動茶屋
岩窟不動尊
三河屋
箸専門店 和らく P.35
〒鎌倉雪ノ下局
雪ノ下
鎌倉雪ノ下 P.34

P.35 江戸famo
P.111 鎌倉煉瓦工場 小町通り店
P.47 鎌倉市鏑木清方記念美術館
OXYMORON
P.36 プティアンジュ息吹
鎌倉まめや 小町通り店
Cafe Rietta P.108
湘南倶楽部
聖ミカエル教会
鶴ケ岡会館
シャングリラ鶴岡
くるみ
コアンドル
段葛こ寿々 P.39
溝川病院

P.106 クラフトバターパイ専門店 BUTTER HOLIC
P.107 la boutique de yukinoshita kamakura
P.34 enso kako -a scent-
和茶房 鎌倉さくらの夢見屋 小町通り本店 P.34
白帆鎌倉 P.41
P.39 鎌倉釜飯 かまかま本店
P.47 はんなりいなり
ミルクホール P.37
P.34 鎌倉バ広富岡商会 鎌倉小町本店
P.34 相模屋酒店
P.34 和洋菓子編 日影茶屋
鎌倉ふくみ P.38
café vivement dimanche P.47
SÔNG BÉ CAFE
P.43 moln
P.43 レ・ザンジュ 鎌倉本店
P.43 sahan
P.39 鎌倉 秋本
P.43 TUZURU
ホテルニューカマクラ P.113
OKASHI 0467 GIFT
P.87 ことのいち鎌倉
梅体験専門店『蝶矢』鎌倉店 P.47

鎌倉彫資料館 P.41
鎌倉彫会館CAFE&SHOP倶利
鎌倉彫 慶 P.40
豊島屋本店 P.108
P.61 日蓮聖人辻説法跡
豊島屋菓寮 八十小路 P.37
二ノ鳥居
甘処あかね P.47
カトリック雪ノ下教会
妙隆寺
小町
古兆庵美術館
鎌倉ふいる本店 P.111
日本基督教団鎌倉雪ノ下教會
もとまち ユニオン
27 MICRO ROAST P.107
小町通り P.34
ホテル鎌倉mori
イワタコーヒー店
鎌倉市観光総合案内所
鎌倉駅入口
鎌倉八座 P.41
ホテルメトロポリタン鎌倉
蛭子神社
tsuu
鎌倉ニュージャーマン鎌倉本店 P.108
大巧寺 P.61
鎌倉生涯学習センター
島森書店
鎌倉駅
鎌倉駅
井上蒲鉾店
東口
CIAL鎌倉
〒鎌倉局
鎌倉郵便局前
本覚寺 P.61

C
長谷駅へ↓
逗子駅へ↓
材木座海岸へ↓
D

INDEX さくいん

鎌倉・江の島

観光みどころ　寺　神社　レストラン・食事処　カフェ・喫茶　みやげ店・ショップ　宿泊施設　立ち寄り湯

ココミル 鎌倉 関東❸

すてきな思い出ですました♪

2023年6月15日初版印刷
2023年7月1日初版発行

編集人：金井美由紀
発行人：盛崎宏行
発行所：JTBパブリッシング
　　　　〒135-8165
　　　　東京都江東区豊洲5-6-36　豊洲プライムスクエア11階

編集・制作：情報メディア編集部
編集デスク：大澤由美子
取材・編集：四谷工房（石丸泰規／丸山繭子／新村友紀）／
アトリエオップ（渡辺俊／秋田典子／谷本美加／森由梨香）／
花田葉子／木村嘉男

アートディレクション：APRIL FOOL Inc.
表紙デザイン：APRIL FOOL Inc.
本文デザイン：APRIL FOOL Inc.
ジェイヴイコミュニケーションズ／スタジオギブ／プラスタック
イラスト：平澤まりこ
撮影・写真：原田寛／稲田良平／樋口一成／鎌倉市観光協会／
藤沢市観光協会／関係各施設・市町村観光課・観光協会／山梨将典／
アフロ／PIXTA
モデル：舞夢プロ（宮崎結希乃）
地図：ゼンリン／千秋社／ジェイ・マップ／ユニオンマップ
組版・印刷所：佐川印刷

編集内容や、商品の乱丁・落丁の
お問合せはこちら

> JTB パブリッシング お問合せ

https://jtbpublishing.co.jp/
contact/service/

本書に掲載した地図は以下を使用しています。
測量法に基づく国土地理院長承認（使用）R 2JHs 293-1478号
測量法に基づく国土地理院長承認（使用）R 2JHs 294-648号

●本書掲載のデータは2023年4月末日現在のものです。発行後に、料金、営業時間、定休日、メニュー等の営業内容が変更になることや、臨時休業等で利用できない場合があります。また、各種データを含めた掲載内容の正確性には万全を期しておりますが、お出かけの際には電話等で事前に確認・予約されることをお勧めいたします。なお、本書に掲載された内容による損害賠償等は、弊社では保障いたしかねますので、予めご了承くださいますようお願いいたします。●本書掲載の商品は一例です。売り切れや変更の場合もありますので、ご了承ください。●本書掲載の料金は消費税込みの料金ですが、変更されることがありますので、ご利用の際はご注意ください。入園料などで特記のないものは大人料金です。●定休日は、年末年始・お盆休み・ゴールデンウィークを省略しています。●本書掲載の利用時間は、特記以外原則として開店（館）～閉店（館）です。オーダーストップや入店（館）時間は通常閉店（館）時刻の30分～1時間前ですのでご注意ください。●本書掲載の交通表記における所要時間はあくまでも目安ですのでご注意ください。●本書掲載の宿泊料金は、原則としてシングル・ツインは1室あたりの室料です。1泊2食、1泊朝食、素泊に関しては、1室2名で宿泊した場合の1名料金です。料金は消費税、サービス料込みで掲載しています。季節や人数によって変動しますので、お気をつけください。●本誌掲載の温泉の泉質・効能等は、各施設からの回答をもとに原稿を作成しています。

本書の取材・執筆にあたり、
ご協力いただきました関係各位に厚くお礼申し上げます。

おでかけ情報満載　https://rurubu.jp/andmore/

233219　280052
ISBN978-4-533-15481-2　C2026
Ⓒ JTB Publishing 2023
無断転載禁止　Printed in Japan
2307